novum pro

Petra BACHMANN-ALBERT

Wie meine Krebserkrankung mein LEBEN heilte

DIE ETWAS ANDERE GESCHICHTE

novum pro

Bibliografische Information
der Deutschen Nationalbibliothek:

Die Deutsche Nationalbibliothek
verzeichnet diese Publikation in
der Deutschen Nationalbibliografie.
Detaillierte bibliografische Daten
sind im Internet über
http://www.d-nb.de abrufbar.

Gedruckt in der Europäischen Union
auf umweltfreundlichem, chlor- und
säurefrei gebleichtem Papier.

Rathausgasse 73, A-7311 Neckenmarkt
office@novumverlag.com

ISBN 978-3-7116-0449-1
Lektorat: David Pavlas
Umschlagfoto: pixabay
Umschlaggestaltung, Layout & Satz:
novum Verlag
Innenabbildungen: pixabay,
Petra Bachmann-Albert
Autorenfoto:
studioline Photostudios GmbH

Die von der Autorin zur Verfügung
gestellten Abbildungen wurden in der
bestmöglichen Qualität gedruckt.

www.novumverlag.com

Druckprodukt mit finanziellem
Klimabeitrag
ClimatePartner.com/16547-2311-1001

K raftvoll

R uhig

E rmutigend, ehrlich

B ärenstark, belebend

S elbstbestimmt

Inhaltsverzeichnis

Aus tiefstem Herzen widme ich dieses Buch
meiner Seelenfreundin ERIKA.
Gemeinsam durchlebten wir Höhen und Tiefen, kämpften
Seite an Seite und standen uns mit Rat und Tat bei.
Nun bist du vorausgegangen und bist an einem Ort fernab
von der Last des Schmerzes und des Leids. In dieser Sphäre
existiert nur reine Liebe und Frieden.
Erika, du warst ein Mensch von
unvergesslicher Einzigartigkeit und Besonderheit.
Danke, liebe Erika, für jede Minute unserer Freundschaft.
Dein Vermächtnis lebt in den Geschichten, die wir gemeinsam
geschrieben haben, weiter. Du wirst immer einen besonderen Platz
in meinem Herzen haben, und ich werde dich zutiefst vermissen.

Der dunkelste Tag in meinem Leben

Freitag, 03.07.2020

Sonnenlicht strahlt durch die hochgezogenen Rollos in meiner Praxis. Es ist ein herrlicher Tag. Bevor meine erste Patientin eintrifft, nehme ich mir einen Moment Zeit, um meinem Blumenstrauß frisches Wasser zu geben. Er steht auf meinem Schreibtisch, ein lebhaftes Zusammenspiel von Farben und Düften, das mich an die Dankbarkeit und Wertschätzung erinnert, die meine Arbeit mit sich bringt.

Meine erste Klientin ist eine sehr nette, adrette ältere Dame. Ihre Art ist einfach zum Verlieben. Sie hatte bis jetzt ein sehr bewegtes Leben, das von Höhen und Tiefen, Glück und Trauer geprägt war. Ihre Lebensgeschichte berührte mich sehr. In all der Zeit unseres Zusammenseins beklagte sie sich nie. Durch ein starkes emotionales Trauma wurde sie sehr tief in ihrem Herzen verletzt. Trotz Ihres Schicksals bewahrte sie sich eine tiefe Herzenswärme. Für sie war es an der Zeit sich der Wahrheit zu stellen und die ungelösten seelischen Verletzungen aufzuarbeiten, denn sie waren mit ein Grund für ihre Krebserkrankung. Sie wusste, dass ich Coaching anbot, und war bereit, zusätzlich zu ihren Lymphdrainage-Behandlungen diesen Weg mit mir zu beschreiten. Dadurch konnte sie eine neue Perspektive einnehmen und ungenutzte Ressourcen aktivieren. Darüber hinaus war es eine zusätzliche Unterstützung, um leichter, stressfreier und ohne Angst mit ihren Kontrolluntersuchungen umzugehen. Für mich war es erstaunlich, wie sie Geist und Körper in Einklang brachte. Durch ihre Brustkrebserkrankung entwickelte sich ein sogenanntes sekundäres Armlymphödem. Doch dank meiner Lymphdrainage konnte sich das Ödem erfolgreich zurückbilden. Sie setzte konsequent meine Therapieempfehlungen um und erlebte dadurch eine spürbare Besserung.

Meine Coaching-Ausbildungen sind eine absolute Bereicherung für meine Arbeit. So kann ich neben den körperlichen

Therapien auch den mentalen Bereich unterstützen. Mit dieser Methode habe ich schon Höhenangst, Angst vor Zahnarztbesuchen, eine bevorstehende Führerscheinprüfung, Vorbereitung auf einen Marathonlauf und vieles mehr mit Erfolg gecoacht. Diese Arbeit ist für mich ein äußerst wertvolles Instrument, um Menschen auf ihrem Weg zu begleiten und ihre Lebensqualität zu bereichern. Die Möglichkeit, anderen zu helfen, ihr volles Potential zu entfalten und ihre Ziele zu erreichen, erfüllt mich mit tiefer Freude und Zufriedenheit. Mein langfristiges Ziel ist es, meine Leidenschaft für das Coaching zu meinem Hauptberuf zu machen.

Das Wochenende stand vor der Tür und ich freute mich schon riesig. Mein Mann Marc und ich hatten eine Wanderung durch den schönen Spessart geplant. Es ist sein Lieblingsort, denn er ist größtenteils dort in der liebevollen Obhut seiner Großeltern aufgewachsen. Er strahlte vor Begeisterung, als er über die Routen sprach, die er schon als Kind mit seinem Opa erkundet hatte. So verspürte er schon in jungen Jahren eine innige Verbindung zur unberührten Natur und wählte als Erstberuf Landschaftsgärtner aus Überzeugung.

Kurz vor Eintreffen des nächsten Patienten ging es mir auf einmal sehr schlecht. Mir war schwindelig und übel. Zusätzlich fing mein Herz an, wie wild zu klopfen. Panik machte sich in mir breit. Angsterfüllt schnappte ich mir mein Blutdruckmessgerät. Mein Blutdruck war gigantisch hoch, ich konnte mir das überhaupt nicht erklären. Sofort vereinbarte ich einen Termin bei meinem Hausarzt und sagte alle noch anstehenden Termine ab. Von Schrecken gepackt verließ ich meine Praxis. Nachdem ich endlich bei meinem Arzt angekommen war, spürte ich, dass es mir noch ein Stück schlechter ging. Die Blutdruckmessung im Sprechzimmer zeigte einen noch höheren Wert an. Nachdem der Arzt die besorgniserregenden Werte festgestellt hatte, bekam ich sofort einen Blutdrucksenker. Weiterhin ordnete er eine Reihe von Untersuchungen an. Eine Blutentnahme für ein großes Blutbild und ein Röntgenbild des Brustkorbs. Nach all der Aufregung und den Untersuchungen fühlte ich mich zutiefst erschöpft. Während ich den Weg nach Hause antrat, umhüllten mich sorgenvolle Gedanken, begleitet von einer unheilvollen Ahnung, dass etwas mit meinem Körper nicht stimmte. Mein Instinkt flüsterte mir Warnungen zu, die ich nicht ignorieren konnte. Das Wochenende verstrich langsam. Die Untersuchungsergebnisse erfahre ich am kommenden Montag. Bedauerlicherweise war ich nicht in der Lage, unsere geplante Wanderung anzutreten. Vielleicht bietet sich die Möglichkeit, die Tour zu einem späteren Zeitpunkt nachzuholen. Wie besprochen kontaktierte mein Arzt mich telefonisch, um mir meine Testergebnisse mitzuteilen. Mit großer Aufregung informierte er mich über meine Laborwerte:

„Mit so einem niedrigen Natriumwert wäre ich sofort Tod umgefallen. Diese Abweichung kann auf verschiedene Ursachen zurückzuführen sein. Das Röntgenbild des Brustkorbs allein reicht nicht aus, um eine genaue Diagnose zu stellen. Hier gibt es Anzeichen für Probleme mit der Lunge. Ich überweise sie in eine Fachklinik zur Bronchoskopie."

Mein Gesichtsausdruck erstarrte und ich murmelte: „Bronchoskopie?" Ich werde mich nicht mit den Komplikationen, die auftreten könnten, auseinandersetzen. Es verunsichert mich sonst noch mehr. Es bedeutet Narkose und Operation. Dabei wird ein Endoskop über den Mund eingeführt und durch die Luftröhre in die Bronchien vorgeschoben. Hier wird die erforderliche Gewebeprobe entnommen. Da ich Narkosen schon in der Vergangenheit nicht optimal vertragen habe, wuchs mein innerer Widerstand natürlich immer mehr und mein Stresspegel dazu. Mir blieb nichts anderes übrig als hastig alle Termine in meiner Praxis abzusagen und alles Notwendige für den Klinikaufenthalt einzupacken.

In diesem Zeitraum hatte ich in München eine viertägige Fortbildung gebucht, die ich auf keinen Fall versäumen wollte. Ich setzte alles daran, dass die anstehenden Termine in der Klinik so gelegt wurden, dass ich die Gelegenheit hatte, daran teilzunehmen. Dieses Seminar war für meine berufliche Entwicklung sehr wichtig.

Überweisung in die Fachklinik

04.08.2020

Die Anmeldung in der Klinik war der erste Schritt auf meinem Weg der stationären Behandlung. Die freundliche Rezeptionistin empfing mich mit einem warmen Lächeln, was meine Nervosität etwas milderte. Inmitten der oft überwältigenden Bürokratie führte sie mich geduldig durch die notwendigen Formalitäten. Nachdem die umfangreichen Dokumente ausgefüllt waren, wurde mir mein Zimmer zugewiesen. Die eigentliche stationäre Behandlung begann mit einem PET-CT. Eine geringe Menge radioaktiver Zucker wurde in meinen Kreislauf injiziert. Es ist bekannt, dass Tumore eine Vorliebe für Zucker haben. Sobald sie auf diese Substanz stoßen, stürzen sie sich regelrecht darauf. Auf diese Weise können Tumorherde im Körper lokalisiert und ihre Aktivität beurteilt werden. Der Behandlungsraum war kalt und düster. Ich lag auf einer unbequemen Liege und die Decke, die mir die Schwester reichte, wärmte mich nur bedingt. „Auch dies wird vorübergehen", sagte ich leise zu mir selbst.

„Jetzt dürfen sie sich eine halbe Stunde nicht bewegen", rief die Schwester mit einem Lächeln im Gesicht, während sie die letzten Vorbereitungen für die Untersuchung abschloss.

„Aber weiter atmen darf ich doch", erwiderte ich scherzhaft. Ein herzhaftes Gelächter füllte den Raum. Nach der Untersuchung begab ich mich zurück auf die Station und betrat mein Zimmer. Ich ließ mich auf das Bett sinken. Während ich mit Marc telefonierte und über die ernste Situation sprach, konnte ich mir einen Scherz nicht verkneifen.

„Meinst du, ich leuchte jetzt nachts?" Marc lachte laut und für einen kurzen Moment durchbrach das herzliche Lachen den Ernst der Lage.

„Schön, dass du der Situation noch etwas Gutes abgewinnen kannst."

Am nächsten Tag stand die Bronchoskopie auf dem Operationsplan. Als ich dem Anästhesisten meine Befürchtungen bezüglich der Narkosemittel schilderte, nahm er sich einfühlsam die Zeit für ein aufklärendes Gespräch. Die Operation verlief schließlich ohne Komplikationen und nach drei Tagen Klinikaufenthalt wurde ich entlassen. Trotz der Erleichterung über die Entlassung aus dem Krankenhaus blieb eine gewisse Spannung in der Luft, da die Ergebnisse der Untersuchung noch ausstanden. Einen Tag später machten wir uns auf den Weg nach München. Nach unserer Ankunft im Hotel beschloss ich, mich kurz hinzulegen, um frisch und ausgeruht zu sein. Die Vorfreude auf mein Seminar war riesengroß. Kursbeginn war um 10.00 Uhr.

Nach meiner Ruhephase hatten wir noch Zeit, um bei einer Tasse Kaffee zu entspannen. Wir entdeckten ein gemütliches Café und nahmen im Freien Platz. Es war ein wundervoller warmer Tag. Diese Harmonie wurde plötzlich von einem unerwarteten Anruf durchbrochen. Auf dem Display meines Handys erschien der Name der Fachklinik. Mit einem mulmigen Gefühl im Bauch nahm ich den Anruf entgegen. Eindringlich teilte der Arzt mir mit:

„Frau Bachmann, meine Befürchtungen haben sich bestätigt. Sie haben einen sehr schnell wachsenden aggressiven Tumor in der Lunge, der inoperabel ist.

Ich habe Sie schon vorgemerkt für eine Radiochemotherapie und prophylaktische Bestrahlungen des Kopfes zwecks eventuell auftretender Metastasen.“ Aufgrund der Ernsthaftigkeit, mit der mir der Arzt dieses Ergebnis mitteilte, hatte ich das Gefühl, nur eine geringe Überlebenschance zu haben.

Die Diagnose traf mich wie ein Blitz aus heiterem Himmel und durchdrang meine Seele bis ins Mark. Eine Mischung aus Angst und Schock breitete sich in mir aus und ich bekam eine ganz blasse Hautfarbe. Nach der schlimmen Nachricht sah Marc mich fragend an, sein Blick voller Sorge und Unsicherheit. Das habe ich überhaupt nicht erwartet. Die bloße Vorstellung, dass ich an Krebs erkranken könnte, wies ich immer entschieden von mir. Ich saß teilnahmslos da und befand mich in einer **KOPFSTARRE.**

Nach dieser verheerenden Mitteilung drängten sich in mir die Fragen auf: Bin ich bereit zu gehen? Ist das alles? Habe ich der Welt nichts mehr zu geben? Inmitten der Bedrohung versuchte ich meine Gedanken zu ordnen und eine innere Balance zu finden. Trotz der schweren Diagnose wollte ich keineswegs das Gefühl haben, ausgeliefert zu sein. Nach kurzer Zeit konzentrierte ich mich auf das Hier und Jetzt. Wie durch einen inneren Schalter umgedreht stand mein Entschluss fest. Es ist mein Leben und ich übernehme die Verantwortung für meine Gesundheit. Bei diesem Therapievorschlag drehte sich mir der Magen um und meine Intuition sagte mir deutlich, dass dies nicht mein Weg ist. Fassungslos sah mich Marc an, mit ruhiger Stimme erläuterte ich ihm die möglichen Auswirkungen der vorgeschlagenen Behandlungen. Die Spätfolgen einer Radiotherapie wäre ein Vernarben des Lungengewebes. Daraus kann sich eine Lungenfibrose (Gewebeverhärtung) entwickeln. Das Endresultat wäre extreme Luftnot. Von den Nebenwirkungen einer Chemotherapie ganz zu schweigen. Auch haben sich bis jetzt keinerlei Hinweise auf Hirnmetastasen gezeigt. Völlig grundlos würde mein gesunder Kopf bestrahlt werden. Es stellt sich die Frage, wie viel Lebensqualität mir nach einer solch aggressiven Therapie bleibt. Über mir hing das Damoklesschwert.

„...etwas Besseres als den Tod findest du überall."
(Brüder Grimm, Die Bremer Stadtmusikanten)[1]

Durch meine langjährige Praxiserfahrung im Gesundheitswesen habe ich ein breites Spektrum an therapeutischen Ansätzen kennengelernt, darunter auch komplementäre und alternative Therapien. Mit diesen Kenntnissen war ich gesegnet, denn sie lehrten mich, dass der Umgang mit Krebs nicht nur eine medizinische Herausforderung ist, sondern auch eine zutiefst menschliche. Daher entschied ich mich für einen dieser Heilungswege.

Der Vorschlag des Arztes versetzte mich in helle Aufregung und ich dachte, mein letztes Stündlein hat geschlagen. In dieser düsteren Atmosphäre fand ich eine erstaunliche Stärke, meinen unbändigen Willen, am Leben zu bleiben. Es ist, als ob eine innere Stimme zu mir spricht, eine leise aber kraftvolle Gewissheit, die mir sagt, dass meine Reise hier noch nicht zu Ende ist. Diese Stimme ist ein leuchtender Wegweiser, der mich erkennen lässt, dass ich noch viel zu geben habe, dank meiner Lebenserfahrung, meiner Talente und meiner Empathie im Umgang mit Menschen. Es war, als ob ein Licht in meinem Inneren aufging und mir eine neue Perspektive eröffnete. Diese Eingebung gab mir die Bestätigung, bei meiner Entscheidung zu bleiben und meinen Selbstheilungskräften zu vertrauen. Diese Überzeugung wurzelt in dem tiefen Glauben an die Fähigkeit meines Körpers und Geistes, sich selbst zu regenerieren und zu heilen. Mit dieser klaren Entschlossenheit fühlte ich mich bereit, den nächsten Schritt zu gehen. Innerlich gefestigt antwortete ich:

„Herr Doktor, ich werde keine Ihrer vorgeschlagenen Therapien antreten und außerdem besuche ich jetzt mein Seminar."

Funkstille am anderen Ende der Leitung.

„Hallo? Sind Sie noch da?", fragte ich verwundert.

Er konnte kaum glauben, was ich da sagte.

Am Rande sei angemerkt, dass die Entscheidung, nicht den schulmedizinischen Weg zu gehen, ganz allein meine eigene war. Jeder Mensch hat die Freiheit, den Therapieweg zu wählen, der am besten zu ihm passt. Es bleibt jedem offen, ob er sich für konventionelle schulmedizinische Ansätze entscheidet oder alternative Therapieformen bevorzugt. Die Vielfalt der Möglichkeiten erlaubt es, individuell abzuwägen und den Weg zu wählen, der im Einklang mit den persönlichen Überzeugungen und Bedürfnissen steht.

Ankunft in München

Seminarbeginn um 10.00 Uhr

In meiner aktuellen Lebenssituation fand ich in diesem Kurs eine dringend benötigte Kraftquelle. Vor Seminarbeginn informierte ich meine Lehrtrainer über meine ernsthafte Erkrankung.

„Ich habe vor wenigen Minuten die Diagnose einer schweren Krebserkrankung erhalten. Diese Nachricht hat mich natürlich zutiefst erschüttert. Trotz der ungewissen Zukunft möchte ich mich nicht von meinem Ziel abbringen lassen, dieses Seminar erfolgreich abzuschließen. Es ist im Moment ein Anker für mich, an dem ich festhalte." Die Mitteilung traf meinen Coach wie ein Blitz aus heiterem Himmel. In seinen Augen spiegelte sich der Wunsch, mir irgendwie zu helfen. Es war offensichtlich, dass meine Botschaft ihn tief berührt hatte. Er schaltete sofort in den Lösungsmodus um und bestürzt antwortete er:

„Petra, es tut mir zutiefst leid zu hören, dass du mit einer so schweren Herausforderung konfrontiert bist. Komm bitte immer eine Stunde vor Seminarbeginn, ich coache dich. Es ist gut, dass du hier bist. Wir sind eine Gemeinschaft, und wir werden gemeinsam durch diese herausfordernde Zeit gehen. Auch wenn das Seminar zu Ende ist, kannst du darauf zählen, dass ich auch danach immer für dich da bin, wenn du Hilfe brauchst."

In dem Moment, als ich in das vertrauensvolle Gesicht meines Coaches blickte, durchzog mich eine Welle der Erleichterung. Seine ruhige Ausstrahlung vermittelte mir ein Gefühl von Sicherheit, das ich dringend brauchte. Das Coaching erwies sich als transformative Erfahrung und ich fand wertvolle Ressourcen für meine innere Klarheit, die mein Selbstvertrauen in meine Selbstheilungskräfte noch mehr stärkten.

Wir waren eine tolle Truppe, nur Frauen. Gemeinsam haben wir uns gegenseitig gestärkt. Alle fühlten sich pudelwohl und jede Einzelne unterstützte mich auf ihre eigene Art und Weise. Trotz meiner Blutdruckprobleme während des Kurses bin ich überglücklich und stolz, die Coaching-Ausbildung erfolgreich abgeschlossen zu haben. Die Tage verflogen im Nu und wir machten uns auf den Heimweg. Der Weg zurück war begleitet von einem tiefen Gefühl der Dankbarkeit für die gemeinsame Zeit.

Die Reise durch meine Krebserkrankung

Nachdem ich gestärkt und voller Hoffnung nach Hause zurückgekehrt war, nahm ich mir die Zeit, in Ruhe über die Ereignisse der letzten Wochen nachzudenken. In dieser Phase der Besinnung überlegte ich intensiv, welcher Heilungsweg für mich in Frage kommen könnte. Gottes Garten ist groß.

„Gegen jede Krankheit ist ein Kraut gewachsen."
(Pfarrer Sebastian Kneipp)[2]

Aus einer tiefen Intuition heraus habe ich mich dazu entschieden, den alternativen Heilungsweg zu wählen. Die ganzheitliche Betrachtung von Körper und Seele ist für mich von entscheidender Bedeutung. Sie bildet das Fundament meiner inneren Welt. Jeder hat sein Päckchen zu tragen. Krebs ist mehr als nur ein isoliertes Symptom, es ist eine tiefgreifende Herausforderung, die weit über den physischen Körper hinausgeht. Hinter dieser Erkrankung verbergen sich oft tieferliegende Ursachen. So ist die Botschaft meiner Seele nicht nur ein Ruf zum Kampf gegen Krebs, sondern vielmehr ein Aufruf zur inneren Selbstreflexion. Meine Seele beinhaltet meine Lebenskraft, meine Essenz.

„Es ist der Geist, der sich den Körper baut." (Friedrich Schiller)[3]

Ich kontaktierte meine Heilpraktikerin und wir besprachen alle notwendigen Details für meinen bevorstehenden Therapieweg. Folgende Therapieansätze kommen in Betracht: Umstellung der Ernährung auf gesundheitsfördernde Nahrungsmittel, homöopathische Mittel zur Infusion und weitere alternative Ansätze. Mit Bewegung und emotionalem Wohlbefinden stärke ich zusätzlich meinen inneren Heiler – so zog es mich oft in die Natur. Die Stille und der frische Duft von Erde und Pflanzen halfen mir, neue Kraft zu schöpfen und Abstand zu gewinnen. Hier konnte ich durchatmen und meine Gedanken ordnen.

Zuallererst begannen wir mit dem gezielten Einsatz von Infusionen zur Entgiftung und Stärkung meines Immunsystems. Die Infusionstherapie wurde individuell auf meine Bedürfnisse abgestimmt, um eine optimale Wirkung zu erzielen und meine Gesundheit nachhaltig zu verbessern. Nach Abschluss meiner Therapien gab sie mir noch einen äußerst wertvollen Tipp mit auf den Weg.

Sie erkannte, dass meine Bedürfnisse möglicherweise eine intensivere Behandlung erforderten:

„Ich gebe dir noch eine Adresse von einem Kollegen. Er hat sich auf begleitende Krebstherapie spezialisiert." Ich sah sie erstaunt an, als sie mir diese Neuigkeit mitteilte, und spürte, wie sie mich beflügelte. Ein Gefühl der Wertschätzung durchströmte mich und ich erwiderte:

„Ich bin dir zutiefst dankbar für deine Unterstützung." In ihren Augen sah ich, wie sehr es ihr am Herzen lag, dass ich gesund werde. Am folgenden Tag nahm ich umgehend telefonischen Kontakt mit dem Kollegen auf und wir vereinbarten einen Beratungstermin. Nach umfangreicher Aufklärung stimmte ich schließlich dem für mich maßgeschneiderten Therapieplan zu. Das bedeutete, dass ich im Verlauf jeder Woche zwei bis drei Infusionen erhalten würde. Da sich seine Praxis in einer anderen Stadt befand, betrug die Autofahrt hin und zurück etwa zwei Stunden. Das ist eine gewaltige Herausforderung. Mit zittriger Stimme blickte ich Marc fragend an:

„Meinst du, wir kriegen das hin mit der Fahrerei?"

Er sah mich an und voller Überzeugung erwiderte er:

„Für dich tue ich alles, Hauptsache, du wirst gesund."

Ich legte meinen Kopf auf seine Schulter und flüsterte: „Marc, du bist mein Fels in der Brandung."

Trotz meiner gesundheitlichen Belastung habe ich hart daran gearbeitet, meine Praxis am Laufen zu halten. Ich reduzierte meine Arbeitszeit und bot an drei Tagen in der Woche für ein paar Stunden Behandlungen an. Ich legte die Termine so, dass ich es kräftemäßig noch bewältigen konnte. Anfangs funktionierte es ganz gut, aber nach einigen Wochen Infusionstherapie verließen mich meine Kräfte und die Beeinträchtigung war so tiefgreifend, dass ich nicht mehr in der Lage war, weiterzuarbeiten. Außerdem befand sich mein Natriumspiegel immer noch auf einem zu niedrigen Level. Ein angemessener Natriumspiegel ist für den Körper essenziell. Natrium spielt bei der Aufrechterhaltung des Wasserhaushalts, des Blutdrucks und der Nervenfunktion eine Schlüsselrolle. So schlich sich das nächste körperliche Symptom ein. Ich hatte Schwierigkeiten beim Wasserlassen. Es tröpfelte nur noch. Zu meinem Leidwesen war der nächste Arztbesuch angesagt, eine Praxis für Endokrinologie (Lehre von den Hormonen). Ich dachte: „Nimmt das denn niemals ein Ende?“ Mit erneut auftretenden körperlichen Symptomen und nicht endend wollenden Arztbesuchen konnte ich keine Praxis mehr sehen. Dort musste ich erneut durch verschiedene Untersuchungen und es wurde die Diagnose SIADH-Syndrom festgestellt. Hierbei wird zu viel antidiuretisches Hormon (ADH) freigesetzt. ADH dient dazu, die Wasserausscheidung durch die Nieren zu regulieren. Beim SIADH-Syndrom ist der Körper nicht in der Lage, die Freisetzung von ADH ordnungsgemäß zu regulieren, was zu einer übermäßigen Wasserrückhaltung im Körper führt. Dies kann zu einem niedrigen Natriumspiegel (Hyponatriämie) im Blut führen, da das überschüssige Wasser den Natriumspiegel im Blut verdünnt. Verursacher war meine Krebserkrankung. Das war auch der Grund, warum ich in meiner Praxis während einer Behandlung am Patienten zweimal in Ohnmacht fiel. Die Patientin, die ich behandelte, bekam einen Riesenschrecken, aber sie hatte Erfahrung in Erster Hilfe und versorgte mich. Dank ihrer schnellen Reaktion erholte ich mich rasch. Ein zu niedriger Natriumspiegel kann lebensgefährlich sein. Um meinen Natriumspiegel zu regulieren, wurde mir ein sehr teures Medikament verschrieben. Endlich konnte ich wieder Wasser lassen, was für eine Erleichterung. Hier spürte ich, wie makellos und faszinierend die Biologie des menschlichen Körpers funktioniert. Sie erhält uns am Leben, ohne dass wir es ständig hinterfragen.

Unglücklicherweise verursachten die Infusionen unvorhergesehene körperliche Begleiterscheinungen. Ich hätte nie gedacht, dass alternative Mittel solche Probleme auslösen könnten. In erster Linie wirkte es sich sehr gravierend auf mein Gangbild aus. Das Gehen wurde zunehmend mühseliger. So entwickelte sich zu meinem Leidwesen eine Polyneuropathie. Zu einem späteren Zeitpunkt las ich in einem Fachbuch, dass ein bestimmtes biologisches Mittel, das mir gegeben wurde, als potenzieller Auslöser für Polyneuropathie in Betracht kommt. Hier wurde es bedauerlicherweise versäumt, die entsprechenden Cofaktoren zu berücksichtigen, um dem vorzubeugen. Dies hatte ernste gesundheitliche Konsequenzen zur Folge. Mein Zustand verschlechterte sich von Mal zu Mal immer mehr. Es war ein Abend, den ich nie vergessen werde. Ich konnte mich kaum noch auf den Beinen halten. Plötzlich verlor ich völlig die Kontrolle über meinen Körper. Meine Beine versagten und ich knallte mit einem dumpfen Aufprall auf den Boden. Die immense Belastung der letzten Wochen führte zu einem körperlichen und emotionalen Zusammenbruch.

Hilflos und völlig entkräftet rief ich nach Marc:

„Bitte hilf mir."

Die Tränen liefen mir über die Wangen und ich lag da wie ein Häufchen Elend.

„Was ist denn passiert. Hast du dich verletzt?", fragte er entsetzt.

„Nein, bitte hilf mir wieder auf die Beine."

„Sollen wir die Therapie abbrechen, wenn du so starke Nebenwirkungen hast?"

„Nein, ich ziehe das jetzt durch und überwinde das."

Die Belastungen nahmen jedoch überhand, und ich fühlte mich wie am absoluten Tiefpunkt angelangt, vollkommen überfordert von allem. Es war, als würde mein Inneres langsam zerbrechen, während ich verzweifelt versuchte, stark zu bleiben. Inmitten dieser Last war mir nicht mehr klar, wie ich meinen Alltag bewältigen sollte.

Hier hatte ich nur noch das Bedürfnis verspürt zu beten.

„Gütiger Gott, bitte hilf mir, führe mich aus diesem Elend heraus und zeig mir einen heilsamen Weg."

In dieser kraftlosen Zeit war mein Sofa mein treuer Begleiter. Um aus dieser Misere herauszukommen, vertiefte ich mein Wissen. Die intensive Auseinandersetzung mit Fachliteratur, bei der mir vor lauter Informationen fast der Kopf rauchte, hat mir wertvolle Hinweise über meine Krankheit geliefert und mir vielfältige Einblicke in unterschiedliche Therapieansätze ermöglicht. In diesem Prozess wurde mir klar, wie enorm wichtig es ist, eine Ärztin oder einen Arzt des Vertrauens zu finden.

Nach drei intensiven Monaten war die Serie von Infusionssitzungen und den endlos gefahrenen Kilometern zum Heilpraktiker erfolgreich abgeschlossen. Zum Schluss empfahl er mir eine zusätzliche Unterstützung durch eine Immuntherapie in einer spezialisierten Fachklinik, die er bereits mehreren Patienten erfolgreich ans Herz gelegt hatte. So recherchierte ich und fand schließlich einen Artikel über Immuntherapien bei Krebs, die sogenannten Checkpoint-Inhibitoren. Einfach erklärt handelt es sich dabei um künstliche Antikörper, die in der Immuntherapie als Medikament eingesetzt werden. Diese innovative Therapie hat das Potential, das Immunsystem dazu zu bringen, die Krebszellen zu zerstören. Diese Möglichkeit fasste ich sofort ins Auge. Ich vereinbarte einen Termin. Die Professorin nahm sich ausgiebig Zeit, meine Krankengeschichte zu analysieren und meine aktuellen Befunde zu überprüfen. Sie weckte durch ihre einfühlsame Art ein tiefes Vertrauen in mir. Ihre respektvolle Haltung gegenüber meinem alternativen Heilungsweg akzeptierte sie ohne Vorbehalte. In ihr fand ich die Professorin meines Vertrauens. Sie beantragte umgehend die Immuntherapie bei meiner Krankenkasse. Ihre schnelle Reaktion war beeindruckend. Es war ein Moment der Befreiung, als nur wenige Tage später die Genehmigung eintraf.

Das gab mir Hoffnung. Die Infusionen wurden ambulant durchgeführt. Alle drei Wochen erhielt ich eine Immuntherapie. Ich wurde von einem äußerst freundlichen und einfühlsamen Personal betreut, das höchste Anerkennung für den respektvollen Umgang mit uns schwerkranken Menschen verdient. Gott sei Dank dauerte die Infusion nur dreißig Minuten und ich konnte das Krankenhaus zügig verlassen. Es war eine Erlösung, die Behandlung so schnell hinter mich zu bringen und wieder in mein gewohntes Umfeld zurückzukehren. In der Ambulanz herrschte eine bedrückende Atmosphäre. Jeder Patient kämpfte auf seine persönliche Weise gegen die Krankheit, mit seiner eigenen Geschichte und einzigartigen Reise. In den Gesichtern konnte ich viel erkennen: Spuren von Leiden, Hoffnung, Angst und Entschlossenheit. Das Warten war jedes Mal von einer unbeschreiblichen Schwere in der Luft begleitet.

Vor jeder Infusion wurde eine sorgfältige Überprüfung meines Blutbildes vorgenommen, um sicherzustellen, dass mein Körper die Behandlung gut vertrug und um eventuelle Veränderungen im Blutbild zu überwachen. Ich legte besonderen Wert darauf, meinen Körper äußerst aufmerksam zu beobachten, um Nebenwirkungen zu erkennen. Erfreulicherweise hatte ich keine allergischen Reaktionen oder Veränderungen meiner Vitalzeichen. Diese Kombination von alternativen Heilmethoden und Immuntherapie verbesserte meine Heilungschancen.

Erste Kontrolluntersuchung

Dezember 2020

Nach den ersten sechs Sitzungen der Immuntherapie ist eine Kontrolluntersuchung mittels Computertomographie (CT) erforderlich, um den Fortschritt und die Wirksamkeit der Therapie zu bewerten. Das Ergebnis zeigte erste Erfolge. Der im Bericht festgehaltene Befund wies auf eine leichte Regression (Rückbildung) des Tumors. Diese Nachricht erfüllte mich mit einer grenzenlosen Freude. Überschwänglich knuddelte ich Marc.

„Langsam bekomme ich keine Luft mehr."

„Ich könnte die ganze Welt umarmen. Ich bin auf dem richtigen Heilungsweg", sprudelte es voller Begeisterung aus mir heraus.

Das war für mich der Beweis, dass ich meinen Selbstheilungskräften vertrauen konnte und der Angst keinen Raum geben durfte.

Der Spruch, der an meinem Badezimmerspiegel hing, gab mir die ganze Zeit die Kraft und den Glauben, konsequent meinen Weg weiterzugehen.

„In der Idee leben heißt, das Unmögliche behandeln,
als wenn es möglich wäre." (Johann Wolfgang von Goethe)[4]

Freud und Leid liegen oftmals so nahe beieinander

Ein Unglück kommt selten allein

Eines Abends begann mein linker Schulterbereich plötzlich intensiv zu jucken. Es verstärkte sich immer mehr und ich kratzte mich fast wund, aber es verschaffte mir nur für einen kurzen Moment Linderung. Ich griff nach einem Spiegel, um die Stelle genauer zu überprüfen, und entdeckte einen Hautausschlag. Um das Rätsel zu lösen, war der nächste Schritt die Vereinbarung eines Termins beim Dermatologen. Er begutachtete sehr sorgfältig die betroffene Stelle. Schließlich sprach er die Diagnose Gürtelrose aus. Sie entsteht durch Varizella-Zoster-Viren, diese haben sich durch eine frühere Windpockenerkrankung im Körper eingenistet. In der Vergangenheit litt ich zweimal an dieser Viruserkrankung. Durch den enormen Stress in meinem Beruf war mein Immunsystem geschwächt, und das Virus, das in den Nervenzellen schlummerte, reaktivierte sich. Es zeigte sich durch starke Nervenschmerzen, jedoch nie mit Juckreiz. Diese unerwartete Wendung war vollkommen neu für mich. Der Facharzt verschrieb mir ein antivirales Medikament. In einem Zustand völliger Energielosigkeit fand ich mich auf der Couch wieder. Mein körperliches Empfinden nahm rapide ab. Die Symptome verschärften sich und eine starke Übelkeit breitete sich aus. Hinzu kamen ein quälender Brechreiz und Schluckbeschwerden.

Um zumindest etwas Linderung zu finden, kochte Marc mir eine Haferschleimsuppe. Doch selbst dieses altbewährte Hausmittel half nicht. Mit einem plötzlichen Schwall, den ich nicht im Geringsten kontrollieren konnte, erbrach ich alles wieder. Marc machte sich sofort daran, die Spuren meines Leidens zu beseitigen. Es war mir zutiefst peinlich, dass er diese unangenehme Situation miterleben musste, doch seine ruhige und fürsorgliche Art half mir, mich etwas weniger beschämt zu fühlen. Kaum hatte ich dieses Elend überstanden, begann sich meine Sprache in verwaschene, schlecht zu verstehende Worte zu verändern, etwa wie betrunken. Hinzu kamen Gleichgewichtsstörungen und Doppelbilder. Was für ein Drama. Mein Körper fühlte sich vollkommen leer an, als wäre nur noch ein Hauch von Leben in mir. Ich verstand die Welt nicht mehr und fühlte gleichzeitig eine tiefe Bedrohung, als ob es um mein Leben ginge. Es war höchste Eisenbahn, meinen Hausarzt anzurufen.

Marc griff zum Telefonhörer und erklärte ihm die Notfallsituation. Er konnte sich ein Bild von der Ernsthaftigkeit meiner Situation machen und in kürzester Zeit traf er bei mir zu Hause ein und begann sofort mit einer gründlichen Untersuchung. Der Anblick meines Zustands schockierte ihn zutiefst und er versuchte, die Ursache meines Leidens zu verstehen. Nach kurzer Überlegung verfasste er ein Rezept mit dem passenden Medikament. Sofort schickte er Marc damit in die Apotheke. Die Arznei war Gott sei Dank vorrätig und ich konnte gleich mit der Einnahme beginnen. Unverzüglich telefonierte er mit der Onkologie im Krankenhaus. In diesem kritischen Moment erklärte er, dass eine sofortige stationäre Aufnahme notwendig sei. Prompt erhielt ich für den nächsten Tag eine Einweisung.

Mir war hundeelend und speiübel.

Ich sehnte mich nur danach, dass dieser Zustand vorüberging.

Mit leiser und einigermaßen verständlicher Stimme murmelte ich zur Pflegekraft:

„Schwester, können Sie mir bitte etwas gegen die Übelkeit geben?"

„Selbstverständlich, ich bringe Ihnen gleich die passende Medizin." Sie machte sich zügig auf den Weg. In wenigen Augenblicken kehrte sie zurück und reichte mir eine kleine Tablette. „Gleich wird es Ihnen besser gehen", versicherte sie sanft. „Oh, vielen Dank", erwiderte ich erleichtert. Das Medikament wirkte umgehend, welch ein Segen. Diese Übelkeit ist grausam.

Zur Abklärung meines Zustandes wurden mehrere Untersuchungen durchgeführt. Ein MRT des Kopfes, um eine intrakranielle (innerhalb des Schädels) Metastasierung auszuschließen. Des Weiteren wurde mir über eine Lumbalpunktion Liquor

(Nervenwasser) entnommen. Das alles ließ ich teilnahmslos über mich ergehen.

Die Erschöpfung hatte meine Energiereserven nahezu aufgebraucht. Ich hoffte auf eine zügige Klärung meiner gesundheitlichen Situation. Nachdem alle Untersuchungen abgeschlossen waren, erhielt ich umgehend die Diagnose vom Arzt:

„Paraneoplastische Hirnstammencephalitis." Leider war es eine Nebenwirkung der Immuntherapie.

Die sogenannten Checkpoint-Hemmer können Nebenwirkungen hervorrufen. Das Immunsystem wird manchmal stärker als nötig angeregt. Dadurch wurde die Gürtelrose ausgelöst. Die Zoster-Viren infizierten meinen Hirnstamm. Das war der Grund, weshalb ich mit solch unangenehmen Symptomen wie Übelkeit, Erbrechen, Sehstörungen und Beeinträchtigung der Sprache zu kämpfen hatte.

Glücklicherweise befand ich mich zur rechten Zeit am richtigen Ort, um die lebensrettende Behandlung zu erhalten. Die schnelle Diagnose ermöglichte es, sofort Infusionen mit antiviralen Medikamenten und hochdosiert Cortison einzuleiten. Nach drei Wochen stationärer Versorgung spürte ich allerdings keine wesentliche Besserung meines Zustandes. Es war nicht klar, inwieweit der Hirnstamm geschädigt war und ob er sich vollständig regenerieren konnte. Die Professorin führte ein ausführliches Gespräch mit mir, um mir klarzumachen, dass es möglich ist, den Resttumor vollends durch eine Chemotherapie zu heilen.

Durch die Hirnstammentzündung hatte ich nicht mehr die Kraft, meinen Weg auf alternative Weise weiterzugehen. Zum gegenwärtigen Zeitpunkt bin ich so weit gegangen, und es fühlt sich an, als ob ich am gleichen Punkt stehen würde.

Soeben wurde in meinem Leben das Kapitel der zweiten lebensbedrohlichen Diagnose aufgeschlagen, und erneut hat der Kampf ums Überleben begonnen. Meine Gedanken sind durchzogen von der Frage nach dem „Warum". Die Thematik des Überlebens begleitet mich bereits seit meiner Kindheit und zieht sich wie ein roter Faden durch meine Lebenslinie. Allmählich wird es Zeit, mein ganzes Leben gründlich zu reflektieren. Es ist der Beginn einer inneren Reise, jeden Aspekt meines Lebens in Ruhe zu betrachten – ohne den Zwang zu kämpfen und stattdessen einen liebevollen Prozess des Verstehens und Wachstums zu durchleben.

„Die schwierigste Zeit in unserem Leben ist die beste Gelegenheit, innere Stärke zu entwickeln." (Dalai Lama)[5]

So mache ich mich auf den Weg

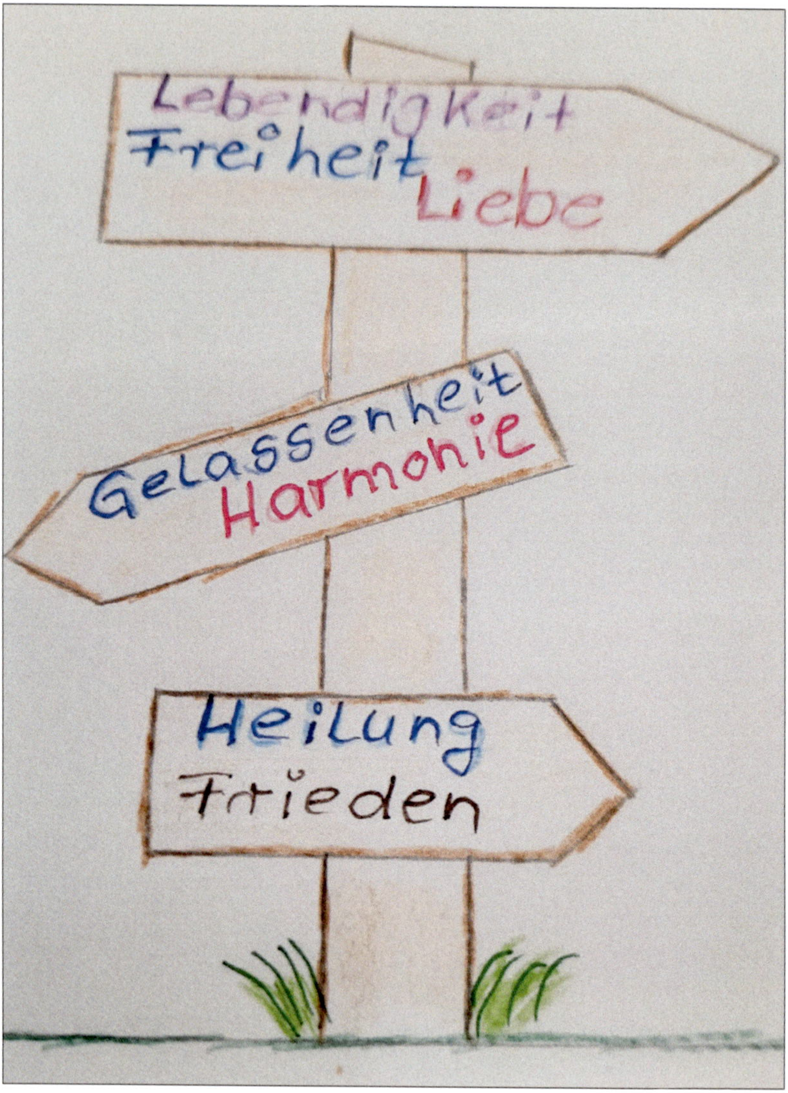

Mein 60. Geburtstag

Inmitten meiner fortlaufenden stationären Behandlung näherte sich mein 60. Geburtstag. Mein Ehrentag fiel in die Zeit der anhaltenden Corona-Pandemie und so konnte nur Marc an diesem Tag zu meiner Seite sein. Meine Vorfreude auf sein Kommen war riesengroß. Das Telefon hatte den ganzen Tag nicht mehr stillgestanden, vor lauter fröhlichen Gratulanten. Schließlich öffnete sich die Tür und mein Schatz betrat das Zimmer. Mit einem strahlenden Lächeln kam er auf mich zu, um mir einen dicken Geburtstagskuss zu schenken.

„Ich wünsche Dir alles Liebe und Gute. Ich bin dankbar für jeden Moment, den wir zusammen verbringen."

Tränen standen mir im Gesicht und schwermütig erwiderte ich: „Ich hoffe, dass wir noch viele angenehme Jahre Seite an Seite verbringen."

Nach unserem gemeinsamen Kaffeetrinken und dem Genuss eines üppigen Stücks Zwetschgenkuchen, das ich erfreulicherweise ohne jegliche Übelkeit überstand, setzte sich Marc näher zu mir und sah mich liebevoll an.

„Ich denke, wir sollten heiraten."

Ich fiel aus allen Wolken und war total perplex.

Nach 31 Jahren Beziehung hatte er mir tatsächlich einen Heiratsantrag gemacht. „Na, so was!"

Das „JA" war mehr als nur eine Antwort. Es war gleichzeitig eine Bestätigung des Lebens selbst.

Meine Willenskraft war wieder geweckt. Ich fühlte mich lebendiger als je zuvor. Diese Energie durchströmte meinen Körper, gab mir Kraft und Motivation, meinen Überlebensprozess nicht aufzugeben. Die Bedeutung dieser Entscheidung wurde umso klarer, denn wir beide waren uns bewusst, dass wir nicht vorhersehen konnten, wie sich mein Krankheitsverlauf weiterentwickeln würde. Daher war es klug von mir mit einer selbstbestimmten Patientenverfügung, Vorsorgevollmacht und Betreuungsverfügung vorzusorgen. Marc besitzt nun die nötige Entschlusskraft, um in meinem Sinne zu handeln, wenn es erforderlich wird. Nach diesem wunderbaren Tag fuhr Marc schließlich heimwärts.

Sofort wählte ich die Nummer meiner Schwester, um ihr die Neuigkeit zu verkünden. Ich wollte sie ein bisschen auf den Arm nehmen. Da kam mir eine gute Idee:

„Hallo Schwesterherz, ich brauche dich als Zeugen!"

Erschrocken fragte sie: „Wie bitte? Wieso? Was ist passiert?"

Ich konnte mir ein breites Grinsen nicht verkneifen.

„Du wirst es nicht glauben! Marc und ich haben beschlossen zu heiraten. Ich hätte Dich gerne als Trauzeugin."

„Oh, welche Ehre! Deine Worte berühren mich tief, und es wäre mir eine Freude, deine Trauzeugin zu sein. Das ist so eine wundervolle Nachricht.

Das muss ich sofort in unsere WhatsApp-Familiengruppe schreiben. Was für eine tolle Neuigkeit."

Für Marc war es keine Frage, wer sein Trauzeuge sein sollte – es musste sein Jugendfreund sein. Die beiden kannten sich seit ihrer Kindheit und ihre Freundschaft hatte die Jahre überdauert. Es war eine Selbstverständlichkeit für ihn, an Marcs Seite zu stehen.

In dieser Nacht schlief ich wie ein Murmeltier.

Unsere Hochzeit, ein Lichtblick während der Chemotherapie

08.09.2021

Um eine weitere Verbesserung meines Gesundheitszustandes zu erreichen und mögliche gesundheitliche Folgen zu minimieren, entschied ich mich dazu, den Vorschlag der Professorin anzunehmen und sechs Zyklen Chemotherapie zu durchlaufen. Diese Entscheidung, die keine leichtfertige war, traf ich in Absprache mit Marc und meinem medizinischen Team, um die bestmögliche Behandlung und Genesung zu gewährleisten. Damit die Chemotherapie verabreicht werden kann, muss ein Zugang gelegt werden. Da ich eine Port-Implantation ablehnte, weil diese einen kleinen operativen Eingriff erfordert und ich mich für eine weniger invasive Option entschieden habe, wurde mir ein PICC-Line-Katheter gelegt, mit dem ich mich gut anfreunden konnte. Es ist ein dünner, flexibler Katheter, der durch eine Vene in der Nähe des Arms eingeführt wird und bis zu einer zentralen Vene, in der Regel die obere Hohlvene, reicht. Es erfordert keine Operation. Alle sieben Tage wurde ein steriler Verbandswechsel durchgeführt und die Eintrittsstelle des Katheters gründlich untersucht. Diese sorgfältige Routine trug dazu bei, potenzielle Komplikationen zu vermeiden. Ein Vorteil der PICC-Line ist, dass sie vergleichsweise einfach entfernt werden kann, was den Prozess am Ende der Behandlung erleichtert.

Noch in stationärer Behandlung starteten wir mit dem ersten Zyklus. Mir wurde an drei Tagen jeweils eine Chemo verabreicht. Durch meine anatomischen Kenntnisse konnte ich mir das Innere des Körpers lebhaft vorstellen. Während der Infusionen lenkte ich den Energiefluss in meinem Körper, um die Selbstheilungskräfte mitzuaktivieren. Nach der ersten Therapie-Einheit meiner Behandlung gab es eine dreiwöchige Pause. Während dieser Zeit wurde ich aus dem Krankenhaus entlassen. Nach Wochen in der Klinik konnte ich endlich den Schritt zurück in die vertraute Umgebung meines Zuhauses machen. Das Zusammensein mit Marc wurde in dieser Phase besonders wichtig. Seine Unterstützung ging weit über bloße Worte hinaus.

Es war ein Gefühl, als würden wir gemeinsam durch diese schwierige Zeit gehen. Diese tiefe Verbundenheit gab mir großen Halt und Sicherheit.

In meiner aktiven Praxiszeit machte ich leider die Erfahrung, dass einige Partner mit der Schwere der Erkrankung einfach nicht umgehen konnten. Dies war besonders traurig, da gerade in einer solch herausfordernden Zeit eine unterstützende Hand heilsam ist. Bedauerlicherweise zerbrechen viele Beziehungen unter diesem Druck. Es war für mich von unschätzbarem Wert, die Gewissheit zu haben, dass Marc, egal was kommen mag, an meiner Seite bleiben würde.

Die erste Welle der Nebenwirkungen der Chemotherapie machte sich bemerkbar, die Haare fielen mir in Strähnen aus. Mein Kopf mag nun ohne Haare sein, aber er trägt die Geschichte meines Überlebens und meiner inneren Stärke. Für mich war dies keine Tragödie, da mir bewusst war, dass Haare wieder nachwachsen können, und meine Gesundheit war mir in diesem Augenblick wesentlich wichtiger. Jetzt war es an der Zeit, über eine Perücke nachzudenken, da unsere Hochzeit bevorstand. Der Friseursalon für Haarersatz bot eine Vielzahl von Optionen. Ich probierte verschiedene Zweitfrisuren aus, und letztendlich entschied ich mich für eine, die meiner früheren Frisur ähnelte.

Das lustigste und herzerwärmendste Erlebnis war, als ich vor dem Spiegel stand und zwei Friseurinnen meinen kahlen Kopf betrachteten. Statt Mitleid oder Bedauern äußerten sie bewundernd: „Haben Sie aber eine schöne Kopfform.“

Dieses unerwartete Kompliment zauberte nicht nur ein Lächeln auf mein Gesicht, sondern brachte auch eine unerwartete Leichtigkeit in diesem Moment der Veränderung.

Als der Tag näher rückte, wurde die Aufregung greifbar. Trotz der Corona-Pandemie sollte unsere Hochzeit wie geplant stattfinden. Obwohl nur eine begrenzte Anzahl von Personen erlaubt war, hatten wir genau diese Anzahl in unserer Familie und im Freundeskreis. Das Fest der Liebe, umgeben von Familie und Freunden, wurde zu einem unvergesslichen Moment der Hoffnung. Es war ein Tag, der mir zeigte, dass das Leben auch in schwierigen Zeiten lebenswert ist. Denn dieser Augenblick, dieser wundervolle Augenblick, wird für immer in unserer

Erinnerung verankert sein. Die Feier war einfach großartig, und meine Nichte überraschte uns mit einer selbstgebackenen Hochzeitstorte.

Was für eine tolle Geste. Die Torte sah nicht nur wunderschön aus, sondern schmeckte auch himmlisch. Es war so rührend, dass sie sich die Zeit genommen hatte, etwas so Persönliches und Besonderes für uns zu kreieren. Auch das Wetter spielte

an diesem Tag optimal mit. Es schenkte uns großzügig wärmende Sonnenstrahlen und einen tiefblauen Himmel. Was für ein wundervoller und gelungener Tag es doch war. DANKE!
So, jetzt bin ich verheiratet. Wer hätte das gedacht.

Der zweite Zyklus stand an und erneut führte mich mein Weg für drei Tage zur stationären Behandlung ins Krankenhaus. Unter der Chemotherapie verschlechterte sich die bereits bestehende Polyneuropathie und körperliche Schwäche weiter. Die Situation entwickelte sich zu einem regelrechten Nervenkrieg, und der Druck setzte mich enorm unter Stress.

Zum Glück konnte ich durch meine Coaching-Ausbildung lernen, mich erfolgreich gegen Stress zu schützen.

Um meinen Stresspegel zu senken, hörte ich aus meinem Coaching Bereich die unterstützende Wirkung der Wingwave® Musik. Sie wirkt vor allem durch einen Links-Rechts-Takt, der über Kopfhörer abwechselnd die beiden Gehirnhälften auditiv berührt. So werden alle Hirnareale zur optimalen Zusammenarbeit stimuliert. Der Rhythmus entspricht immer dem Ruhepuls des Herzens. Während ich der Musik lauschte, spürte ich eine tiefe und angenehme Gelassenheit. Hier ein Tipp: „Nehmen Sie am besten das Wort Entspannung aus Ihrem Sprachgebrauch, denn unser Gehirn verbindet das Wort Spannung automatisch mit einer Muskelkontraktion. Ersetzen Sie es gerne mit den Wörtern leicht, locker oder gelöst."

„Die Frequenz der Musik entspricht mit 60 Schlägen pro Minute ungefähr dem Ruhepuls. Instrumente wie Mundharmonika und Gitarre sind echt, also keine Synthesizer Musik.
Die beste Wirkung entfaltet die Musik über Kopfhörer, weil so der Links-Rechts-Impuls am besten zur Geltung kommt."[6]

Als ich endlich wieder nach Hause konnte, spürte ich die Erschöpfung und Entkräftung in meinem gesamten Körpersystem. Die Strapazen der letzten Tage lasteten schwer auf mir und ich sehnte mich nach nichts anderem als nach Ruhe und Erholung. Wie ein Magnet zog es mich auf die Couch, wo ich den Rest des Tages verbrachte. Ich fühlte mich mehr tot als lebendig. Mein körperlicher Zustand verursachte in mir große Bedenken. „Ob ich je wieder in meine körperliche Kraft zurückfinden werde? Wohin führt das alles?“ Die Zukunft meiner Arbeit, meiner Praxis, die ich mit so viel Hingabe aufgebaut hatte, und meiner Existenz beschäftigten mich zunehmend. Ohne Hilfe schien gar nichts mehr zu funktionieren. Jeder Handgriff wirkte wie ein unüberwindbarer Marathon. Noch nie in meinem Leben hatte ich mich so verletzlich und abhängig gefühlt. Es war eine qualvolle Zeit, durch die ich ging, doch ein Lichtblick waren Marc und Manuela. Sie gaben mir Rückendeckung. Gemeinsam bildeten sie ein unschlagbares Team, das mich durch diese schwierige Zeit führte. Zum Glück war Manuela mir treu geblieben. Mit ihrer Entschlossenheit und ihrem unermüdlichen Einsatz nahm sie mir eine große Last von den Schultern. Ihre Treue und Unterstützung gaben mir Stabilität und Sicherheit. Seit 33 Jahren ist sie an meiner Seite. In meiner aktiven Praxiszeit begann sie als Aushilfe, und im Laufe der Jahre entwickelte sich ihre Rolle zu einer unersetzlichen Stütze. Sie zählt zu den wenigen Menschen, auf die ich mich vollends verlassen kann. Es ist nicht selbstverständlich, dass jemand so viele Jahre an meiner Seite bleibt. Ich bin ihr zutiefst dankbar. Ja, „dankbar“ allein reicht nicht aus, um das zu beschreiben, was ich fühle.

Endlich, Ende Dezember, wurde die letzte Runde der Chemotherapie abgeschlossen. Diesen Tag hatte ich herbeigesehnt. Allerdings spürte ich nach dieser Odyssee keine wesentliche Verbesserung meines Gesundheitszustands. Die Chemo setzte mir mehr zu, als ich es mir je hätte vorstellen können. In den tiefen meines Körpers spürte ich die Auswirkungen dieser intensiven Behandlungen. Die physische Schwäche, die Veränderungen im Geschmackssinn, Appetitlosigkeit und die geschwächte Immunabwehr – all das kann ich nun aus eigener Erfahrung besser nachempfinden. Als jemand, der stets über Kraft und Energie verfügte, war dieser Zustand für mich besonders schwer zu ertragen.

Berufsunfähigkeit, der Abschied von einem Lebensabschnitt

Aufgrund meines allgemeinen Befindens wurde mir klar, dass ich nicht mehr in der Lage sein würde, in meinem Beruf zu arbeiten. Die allgemeine körperliche Entkräftung durch die Chemotherapie und die Kognitionseinbußen, insbesondere durch Minderung der Konzentrations- und Gedächtnisfähigkeit und weiterhin Sehprobleme und Schwindel durch die Hirnstammencephalitis beförderten mich in die Berufsunfähigkeit. Jahrelang hatte ich mich leidenschaftlich meinem Beruf gewidmet, der von der intensiven Zusammenarbeit mit Menschen geprägt war. Plötzlich und unerwartet wurde ich aus meinem vertrauten Umfeld katapultiert. Diese unvorhersehbare Veränderung, die mich isoliert und entwurzelt zurückließ, durchzog mich mit unendlicher Traurigkeit. Es war die Zeit des Abschieds von einem Lebensabschnitt, der einst so erfüllt und lebendig war. In diesem traurigen Kapitel meines Lebens versuchte ich neue Perspektiven zu finden. Tief in mir war der Wunsch, mein gesammeltes Wissen als Werkzeug zu benutzen, um Menschen zu helfen, zu beraten und gemeinsame konstruktive Veränderungen zu bewirken.

Wieder auf die Beine kommen

Die Liste meiner körperlichen Beschwerden mag lang sein, dennoch betrachte ich meinen Körper als einen kostbaren Schatz und bin der Ansicht, dass es keinen Sinn macht, sich zu Tode zu schonen. Wie das alte Sprichwort sagt: „Sich regen bringt Segen." Trotz der Herausforderungen ist Bewegung für mich von Bedeutung, und ich bemühe mich, die begrenzten Ressourcen meines Körpers weise zu nutzen. Um wieder einigermaßen auf die Beine zu kommen, begann ich mit Logopädie, um Sprach- und Schluckbeschwerden sowie Konzentrationsproblemen entgegenzuwirken. Erfreulicherweise kehrte die Sprache schnell zu mir zurück. Nach diesem ersten Erfolg setzte ich auf Ergotherapie, um meine Gangunsicherheit und das Gleichgewicht zu trainieren. Leider gab es hier nur einen geringfügigen Fortschritt, sodass ausgedehnte Spaziergänge für mich nach wie vor nicht möglich sind. Es schmerzt mich zutiefst, dass mir diese verwehrt bleiben, insbesondere weil ich eine tiefe Verbundenheit zur Natur pflege. Die Herausforderungen werden durch eine starke Wetterfühligkeit noch verstärkt. An solchen Tagen fehlt mir ein klares Bild vor Augen, und ich bin in dieser Phase nicht in der Lage, die einfachsten Aufgaben zu erledigen, geschweige denn an diesem Buch weiterzuschreiben. So entschied ich mich für eine weitere Rehabilitationsmaßnahme, die Osteopathie, um die Selbstheilungskräfte meines Körpers zu mobilisieren.

Bis heute arbeite ich kontinuierlich an meiner Regeneration, um meine Fitness weiter zu optimieren. Allerdings ist es abhängig von meiner Tagesform. Mal gelingt es, mal nicht.

Im weiteren Verlauf benötigte mein Immunsystem dringend Unterstützung. Nach der Chemotherapie war eine Ausleitungstherapie notwendig, um meine Gesundheit weiter zu stabilisieren und meinen Körper zu reinigen. Die Entgiftung des Körpers nach einer Tumorerkrankung und Chemotherapie ist ein wichtiger Schritt auf dem Weg der Genesung. Maßgeblich ist dabei die Aufrechterhaltung der Funktionalität der Mitochondrien, den „Kraftwerken" unserer Zellen. Die Mitochondrien spielen bei der Energieproduktion in den Zellen eine zentrale

Rolle, indem sie Adenosintriphosphat (ATP) erzeugen. Eine vielseitige und ausgewogene Ernährung ist ein weiterer entscheidender Baustein zur Regeneration und Optimierung der Leistungsfähigkeit der Mitochondrien. Um sie so richtig auf Hochtouren zu bringen, ist die morgendliche Wechseldusche ein kraftvoller Weg. Es kurbelt den Stoffwechsel an und verbessert die Zellatmung, was wiederum die Energieproduktion in den Kraftwerken der Zellen steigern kann. Um weiterhin bestmögliche Nährstoffaufnahme zu gewährleisten, ist eine Regeneration der geschädigten Schleimhäute von Mund und Darm erforderlich. Dadurch werden entzündliche Prozesse reduziert und eine optimale Darmflora gefördert. Der Darm wird oft als das „zweite Gehirn" bezeichnet, da er eng mit dem zentralen Nervensystem verbunden ist. Eine gestörte Darmgesundheit kann zu psychischen Problemen beitragen.

Das Lymphsystem darf in der Therapie nicht vernachlässigt werden. Es leistet täglich Schwerstarbeit, indem es als unsere Müllabfuhr im Körper dient. Außerdem ist es auf die gesunde Mithilfe von Leber und Nieren angewiesen, um optimal zu funktionieren. Dieses Trio kann durch wirksame homöopathische Mittel unterstützt werden.

In meiner Suche nach umfassenden Studien über Krebserkrankungen bin ich auf einen wissenschaftlichen Artikel gestoßen, der das „Banerji-Protokoll" behandelt, dessen Wirksamkeit durch viele Studien insbesondere in den USA nachgewiesen wurde. Erneut begann meine Suche nach einem Spezialisten auf diesem Gebiet, und dieses Mal stieß ich auf einen Apotheker, der zugleich Experte im Bereich Homöopathie ist. Nach eingehender Beratung wurde ein individueller Infusionsplan für die Unterstützung des Leberstoffwechsels und der Zellenergie entwickelt. Zusätzlich wurden individuelle Rezepturen für die orale Einnahme erstellt. Erneut nahm ich Kontakt zu meiner Heilpraktikerin auf, um sie über die neue Therapiemöglichkeit zu informieren. Sie zeigte sich sofort begeistert von dem vorgeschlagenen Infusionsplan und begann umgehend mit der Umsetzung. Begleitend dazu stellte ich erneut meine Ernährung um, speziell um dem Krebs entgegenzuwirken. Diese Entscheidung war ein bewusster Schritt zu einem gesünderen Lebensstil. In der Vergangenheit bin ich nicht besonders fürsorglich mit mir umgegangen und habe mich auch schlecht ernährt. Mein Fokus lag hauptsächlich auf der Arbeit, und ich vernachlässigte dabei meine eigene Gesundheit und mein Wohlbefinden. Ich schenkte meinem Körper nicht die Aufmerksamkeit, die er benötigte.

Die Umstellung auf eine Ernährung, die auf natürlichen Lebensmitteln basiert, brachte eine wesentliche Verbesserung meines allgemeinen Wohlbefindens. Meine persönlichen Erfahrungen mit Lebensmitteln haben mich zu der Erkenntnis geführt, dass viele von ihnen oft einen wahren Chemiebaukasten darstellen. Hochverarbeitete Lebensmittel kennt die Natur des Körpers nicht. Sie machen müde, rauben Energie und beeinträchtigen das Körpergefühl. Lebensmittel sind im wesentlichen Mittel zum Leben. Hier wird deutlich, wie wichtig es ist, bewusst über das nachzudenken, was wir zu uns nehmen und nicht weiterhin den Körper mit denaturierten Nahrungsmitteln zu belasten. Es ist wichtig, die Ernährung auf die eigenen Bedürfnisse und Verträglichkeit abzustimmen. Ganz gezielt Lebensmittel zu wählen, die nicht nur meinen Körper, sondern auch meinen Geist und meine Seele nähren. Es ist eine Reise der Selbstfürsorge und Achtsamkeit, die weit über die bloße Aufnahme von Nahrung hinausgeht.

Wenn ich nicht für mich selbst sorge, wird es kein anderer tun. Ich bin allein für mich verantwortlich. Das Bewahren des Status quo ist das Schlimmste, was meinem Körper widerfahren kann. Es erfordert, alte Denkmuster loszulassen und meinen Geist auf eine neue Denkweise zu trainieren.

„Jenseits von Richtig und Falsch liegt ein Garten.
Da werde ich dir begegnen." (Rumi)[7]

Was zwischen den scheinbaren Polen liegt, das ist entscheidend. Es ist der Raum, in dem sich unsere wahre Reise entfaltet, wo wir uns selbst entdecken und wachsen können. Das Loslassen des Widerstands gegenüber einer Erkrankung ist ein entscheidender Schritt auf dem Weg zur Heilung. Indem wir den Widerstand aufgeben, erlauben wir uns, in einen Zustand der Akzeptanz und des Fließens einzutreten.

Zusätzlich nutzte ich eine Vielzahl von verschiedenen Techniken der Energiearbeit, um meinen Körper in einen kohärenten Zustand zurückzubringen. Diese Methoden unterstützen das innere Gleichgewicht, bauen Stress ab und stärken die emotionale Resilienz. Die energetischen Zentren in unserem Körper sind die Dantians. Das untere Dantian ist das Fundament der physischen Energie. Das mittlere Dantian transformiert und balanciert emotionale Energie. Das obere Dantian fördert geistige und spirituelle Einsicht. Diese drei Energiezentren können nicht nur die Energie aktivieren, sondern auch das Qi speichern. Die Praxis des Qigong ist hier sehr hilfreich. Durch die bewusste Lenkung von Qi, der Lebensenergie, kann Qigong dazu beitragen, den Fluss dieser Energie im Körper zu harmonisieren und Blockaden zu lösen. Auf diese Weise unterstützt es die natürliche Heilung, nährt meine Seele und stärkt das Immunsystem.

Weitere Wege zur Genesung sind Meditation in Verbindung mit tiefgreifender Transformationsarbeit. Die Metamorphose war keine einfache Reise, das steht außer Frage. Die tiefe Transformationsarbeit, in die ich eintauchte, ermöglichte es mir, mich von dem zu befreien, was mich zurückhielt. Es war ein Prozess des Loslassens von altem Ballast, der mich daran gehindert hatte, mein volles Potential zu entfalten. Ein zusätzlicher positiver Aspekt der Meditation ist, dass sich die Telomere (Schutzkappen an den Enden der DNA) wieder verlängern können. Es wird angenommen, dass längere Telomere mit einer besseren Zellgesundheit und einer verlangsamten Zellalterung verbunden sind. Weitere wichtige Hilfsmittel, um wieder in Einklang mit sich selbst zu kommen, sind heilsame Atemübungen und Visualisierung. Mit meiner Vorstellungskraft erschaffe ich immer wieder bestimmte Bilder und Szenarien, in denen sich mein gesamtes Körpersystem heilt. Ich visualisiere eine lebendige Energie, die durch meinen Körper fließt und jeden Teil davon revitalisiert. Ich sehe meine Zellen sich regenerieren, meine Organe in harmonischer Balance arbeiten und meine Muskeln sich stärken. Dadurch werden negative Gedanken verbannt, und ich rutsche nicht in Horrorszenarien ab. Falls es Ihnen schwerfällt, sich bestimmte Bilder vorzustellen, können Sie sich aus Zeitschriften oder anderen Quellen entsprechende Bilder ausschneiden und damit üben. Diese visuellen Hilfsmittel können Ihnen dabei helfen, Ihre Vorstellungskraft zu stimulieren und den Visualisierungsprozess zu erleichtern. Durch den Einsatz dieser vielfältigen Techniken habe ich eine tiefe Harmonie in meinem Körper und Geist erfahren. Es verschaffte mir Klarheit darüber, was wirklich wichtig für mein Leben ist. Mir wurde bewusst, dass ich mich oft viel zu hart behandelt hatte und voller Selbstverurteilung war. Die Spuren alter Wunden, Enttäuschungen, unterdrückter Wut und tiefer Trauer, begleitet von vielen ungeweinten Tränen, waren immer noch sehr aktiv in mir. In meinem Bestreben, stets Gutes zu tun und für andere da zu sein, habe ich im Laufe der Zeit erkannt, dass ich mich oft aufopfernd verhalten habe. Es führte dazu, dass ich zu viel des Guten für andere tat. In diesem Übermaß an Fürsorglichkeit gerieten meine eigenen Bedürfnisse vollkommen in den Hintergrund. Aufopferung ist selbstzerstörerisch. Das ist keine resignative Einsicht, sondern vielmehr eine Befreiung. Mir ist bewusst geworden, dass es nicht meine Verantwortung ist, die Lasten anderer zu tragen oder ihre Probleme zu lösen. Ich kann da sein, um zuzuhören, um Rat zu geben und um Hilfe anzubieten, wenn es gebraucht wird. Doch ich werde nicht mehr unaufgefordert eingreifen und versuchen, jemanden zu retten, der das vielleicht gar nicht möchte oder der seinen eigenen Weg gehen muss, auch wenn er steinig ist.

Corona-Infektion

Eine unerwartete Unterbrechung

Mein Schreibfluss wurde hier jäh unterbrochen. Frühmorgens stand ich mit Kreislaufproblemen aus dem Bett auf. Mir war schwindelig, die Umgebung verschwamm vor meinen Augen, und der Gedanke drängte sich auf, dass ich meinen Kreislauf erst einmal in Schwung bringen musste. Ich begab mich ins Bad und wie aus dem Nichts wurde um mich alles schwarz. Als ich wieder zu Bewusstsein kam, lag ich am Boden des Badezimmers und meine Sinne kehrten nur langsam zurück. Ich vernahm die verzweifelte Stimme von Marc, der panisch rief:

„Ich rufe jetzt einen Notarzt, du warst ohnmächtig."

„Nein, kein Arzt", entschied ich und versuchte, mich wieder aufzurappeln.

Mit unsicheren Schritten kehrte ich ins Zimmer zurück. Erneut überfielen mich heftige Kreislaufprobleme. Plötzlich fiel ich zum zweiten Mal in Ohnmacht. Diesmal war Marc jedoch blitzschnell zur Stelle. Er half mir auf und führte mich zurück ins Bett. Entschlossen sagte ich:

„Ich lege mich jetzt hin und rühre mich nicht mehr von der Stelle. Marc, wir müssen uns beide auf eine mögliche Corona-Infektion testen."

Der Test fiel positiv aus. Das war also die Ursache meines niedrigen Blutdrucks und der Ohnmachtsanfälle, eine COVID-19-Infektion. Es war ein Déjà-vu-Erlebnis, das mich an eine vergangene Episode erinnerte. Damals war es ein niedriger Natriumspiegel, der mich in die Ohnmacht trieb. Ein mulmiges Gefühl breitete sich aus, als ich daran dachte. Der innere Drang, so schnell wie möglich wieder auf die Beine zu kommen, war übermächtig. In dem Moment erwacht der reine Überlebensinstinkt. Die nächsten Tage waren von Ruhe und Isolation geprägt. Zum Glück hatten wir beide keinen schweren Verlauf der Corona-Infektion.

Freudige Nachricht

ein Lichtblick im Alltag

„Hurra!“ Folgende Nachricht hat mich soeben von meiner Nichte erreicht: „Liebe Familie, nach Monaten der spannenden Erwartung dürfen wir endlich unsere Tochter in die Arme schließen. Die Geburt verlief ohne Komplikationen und wir sind alle wohlauf. Wir danken Euch von Herzen für eure Unterstützung in dieser Zeit.“

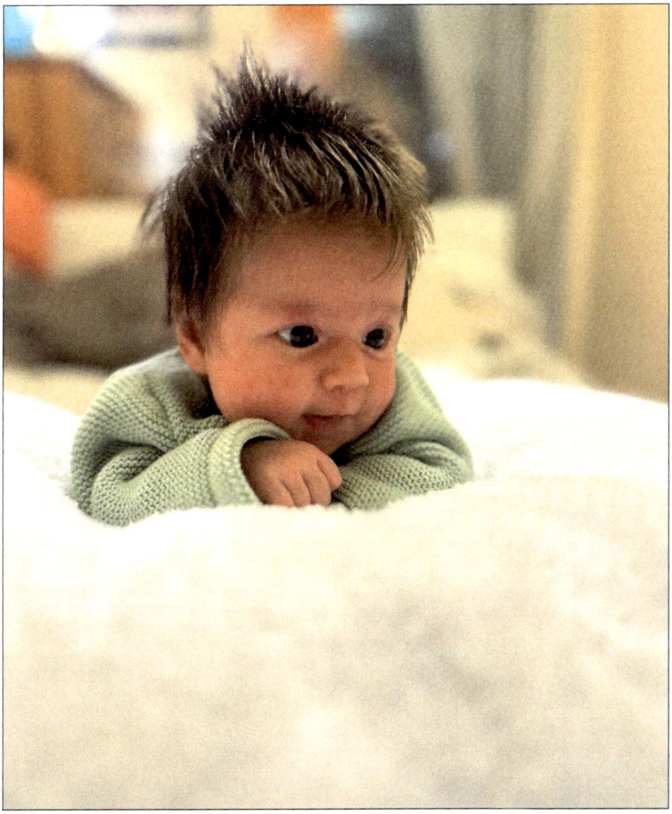

Diese Mitteilung rührte mich zu Tränen und erfüllte mein Herz mit Liebe und Dankbarkeit. Seitdem schickt sie mir regelmäßig Videos. Es ist so goldig, das Verhalten der kleinen Prinzessin zu beobachten, wie sie die Welt um sich herum entdeckt. Diese Videos wirken auf mich wie Medizin. Ein Blick genügt, um sofort ein Lächeln auf mein Gesicht zu zaubern. Das ist Leben – voller Liebe, Glück und kostbarer kleiner Wunder. Ein Aha-Moment.

Es ist ein ständiger Prozess des Werdens und des Seins, der uns immer wieder aufs Neue dazu einlädt, das Leben in seiner ganzen Fülle zu erfahren und zu genießen.

Die Auswirkungen von Vaterentbehrung

„Der Weg durch den Schmerz führt mich zu mir selbst und zu meinem wahren Wesen." (Anselm Grün)[8]

Als ich gerade einmal 8 Jahre alt war, nahm sich mein Vater im Alter von 43 Jahren das Leben, und diese schmerzliche Erfahrung hat tiefe Spuren in meiner Seele hinterlassen. Diese Vaterentbehrung hat einen nachhaltigen Einfluss auf jeden Aspekt meines Lebens gehabt. Die Suche nach einer männlichen Vorbildfigur wurde zu einer lebenslangen Reise. Die tiefe Sehnsucht nach väterlicher Liebe und Anerkennung begleitet mich bis heute und beeinflusst meine emotionalen Verbindungen zu anderen Menschen. Die Herausforderung, Vertrauen aufzubauen, und die Angst vor dem Verlassenwerden sind ständige Begleiter.

„Wenn der Vater fehlt, wird das Gleichgewicht der Familie gestört. Der Vater ist normalerweise für das Abgrenzen zuständig. Er ist für das Kind Vorbild und Hoffnungsträger. Das Kind kann sein Selbstwertgefühl nicht angemessen entwickeln. Wenn die Mutter nun alleine erziehen muss, kann sie leicht in eine grenzenlose Beziehung zur Tochter hineingeraten. Vielleicht war sie selbst emotional bedürftig und hatte gehofft, dass ihre Tochter ihr all die Liebe schenken möge, die sie selbst nie erfahren hat. Die Tochter tut sich dann schwerer, ihre eigene Identität aufzubauen. Sie verliert die Orientierung. Das Kind kann das eigene Bedürfnis nicht leben, sondern muss ständig die Bedürfnisse der Mutter erfüllen. Nicht die Mutter sorgt für die Tochter, sondern die Tochter für die Mutter. Die Psychologie spricht hier von BEELTERUNG" [9]

In diesem Abschnitt des Buches berührte mich eine meiner tiefgreifendsten Erkenntnisse im Leben. Hier spürte ich, wie meine Seele an die Pforten meines Bewusstseins klopfte. Über die Hälfte meines bisherigen Lebens hatte ich mich von den

Erwartungen und Einflüssen meiner Mutter leiten lassen, ohne Raum für meine eigenen Bedürfnisse. Ein Gefühl der Benachteiligung umhüllte mich, begleitet von der Überzeugung, nicht geliebt und nicht gut genug zu sein. Es schien, als hätte ich nicht das Recht, mein authentisches Selbst auszuleben, geschweige denn das Leben in seiner vollen Pracht anzunehmen. Diese tief verwurzelten Glaubenssätze stürzten mich in die völlige Orientierungslosigkeit. Das Gefühl, nicht zu wissen, wer ich wirklich war, hielt mich in einem Zustand der Verwirrung und Selbstzweifel gefangen. Ich verlor den klaren Blick auf meine eigene Identität und entfernte mich von meiner ursprünglichen Lebensspur.

„Man sagt, die Zeit heilt alle Wunden. Dem stimme ich nicht zu. Die Wunden bleiben, mit der Zeit schützt die Seele den gesunden Verstand und bedeckt ihn mit Narbengewebe und der Schmerz lässt nach, aber er verschwindet nie." (Rose Kennedy)[10]

In der tiefen Selbstreflexion meines Lebens habe ich festgestellt, dass es nicht darum geht, Schuldzuweisungen an meine Eltern oder Familienangehörigen zu richten. Vielmehr geht es um das Verstehen der komplexen Wechselwirkungen, die meine Lebensreise geprägt haben. Die Erkenntnis, warum mein Leben einen bestimmten Verlauf genommen hat, führt mich zu einem tieferen Verständnis meiner eigenen Geschichte.

Diese Vaterentbehrung mag mein Leben geprägt haben, aber es formte mich zu einer tief empfindsamen und widerstandsfähigen Person.

„Ungeheuer gibt es wirklich und Geister gibt es auch. Sie leben in unserem Innern und manchmal gewinnen sie." (Stephen King)[11]

In den schweren Zeiten meiner Krebserkrankung wurde ich oft von einer Welle überwältigender Gefühle durchflutet, die mich ratlos zurückließen. Es fühlte sich an, als wäre ich auf einer emotionalen Achterbahn unterwegs. Da kam mir der Gedanke, eine kraftvolle Strategie anzuwenden, um mit den negativen

Emotionen umzugehen. Die Ungeheuer und Geister im Innern nicht gewinnen lassen. Das Gefühl der Schwere transformierte sich in eine erfrischende Leichtigkeit, die Hoffnungslosigkeit wich einem tiefen Glauben, der Schmerz wurde zu einem Signal für notwendige Veränderungen, die Orientierungslosigkeit fand ihren Weg in eine klare Zielstrebigkeit und die Schwäche wurde zu einer Quelle innerer Kraft. Die transformierten Emotionen fanden ihren Weg auf einen Zettel, den ich sorgfältig an meinem Badezimmerspiegel anbrachte. Dieser alltägliche Reflexionsort erinnerte mich täglich daran, welche inneren Veränderungen ich durchgemacht hatte. Es war ein intensives Training meiner Denkweise.

Herzmauern lösen

Wege zur Überwindung emotionaler Barrieren

Über die Jahre hinweg errichtete ich aufgrund wiederholter emotionaler Verletzungen und tiefgehender seelischer Wunden schützende Herzmauern. Die Gründe für diese Schutzmechanismen waren vielschichtig und wurzelten in unterschiedlichen Erfahrungen. Einerseits wurde mein Vertrauen wiederholt missbraucht, und andererseits erlitt ich schmerzhafte seelische Verletzungen, die mich dazu trieben, mich vor weiterem Leid zu bewahren. Jede einzelne Mauer, die ich errichtete, trug die Narben vergangener Enttäuschungen und wurde zu einem Teil meines emotionalen Überlebensmechanismus. In der Anerkennung dieses Schutzmechanismus begann ich, behutsam die Gründe für meine Herzmauern zu erforschen. Es war ein Prozess der Selbstheilung und Selbstreflexion, bei dem ich schließlich erkannte, dass das Niederreißen dieser Mauern nicht nur eine Öffnung für mögliche Verletzungen bedeutete, sondern auch einen Weg für authentische Verbindungen, Liebe und Wachstum ebnete.

Das Zulassen von Verwundbarkeit ist keineswegs ein Zeichen von Schwäche, sondern erfordert vielmehr Mut, sich den eigenen Gefühlen zu stellen. In diesem Bewusstsein wurde mir die Bedeutung des Begriffs „warmherzig" klar.

Warmherzig zu sein bedeutet nicht nur Mitgefühl für andere zu haben, sondern auch für sich selbst, und die Akzeptanz, dass es in Ordnung ist, nicht immer perfekt zu sein. Es eröffnet den Raum für echte Verbindungen und ermutigt dazu, die eigene Menschlichkeit in all ihren Facetten anzunehmen. Die Herzenergie bildet den heiligen Ort der Vergebung sowohl für andere als auch für sich selbst. Nur das Herz vermag zu vergeben. In der tiefen Stille des Herzens liegt die transformative Kraft der Vergebung. Und Vergebung bedeutet in ihrer reinsten Form loslassen. Und das Loslassen wiederum ist der Schlüssel zur Heilung. Es ebnet den Weg für inneren Frieden. Heilung offenbart sich oft im Glauben und Vertrauen in die göttlichen Kräfte, die jenseits unseres logischen Denkens liegen. Liebe wird zur treibenden Kraft, zur Energie des Herzens, die das Fundament jeder Heilung bildet. Kennen Sie den Satz: „Etwas liegt mir am Herzen"?

„Du wirst deinem Herzen niemals entkommen können.
Also hör besser auf das, was es zu sagen hat." (Paulo Coelho)[12]

Die Weisheit des Herzens hält oft die Fragen bereit, die der Verstand allein nicht beantworten kann. In dieser Harmonie mit dem Herzen verschwinden die Unsicherheiten, und die Entscheidungen präsentieren sich in einer Klarheit, die auf einer tieferen Ebene der Intuition basiert.

Unser physisches Herz

Anatomisch gesehen ist das Herz ein Kraftpaket. Es schlägt 60 bis 80 Mal pro Minute, 100 000 Mal pro Tag und ca. 3 Milliarden Mal im Laufe eines Lebens. Eine bemerkenswerte Leistung. Darüber hinaus liebt es Abenteuer und will verausgabt werden. Das heißt raus aus dem geschützten Alltagsbereich und rein in spannende Erlebnisse, z. B. Outdoor-Aktivitäten wie Wandern in den Bergen, Rafting auf wilden Flüssen, Klettern, Paragliding, Fahrradtouren und Reisen. Sie erweitern den Horizont, beleben die Sinne und machen die Lebendigkeit des Lebens spürbar. Es wirkt sich vorteilhaft aus, dem gewohnten Alltag zu entfliehen, um neue Inspirationen und Ideen zu bekommen.

Jede einzelne emotionale Wunde trug ein einzigartiges Geschenk in sich. Die Erkenntnis, dass mein inneres Empfinden für Liebe und Mitgefühl vertieft wurde, war wie ein Lichtstrahl in der Dunkelheit. Ich habe gelernt, mehr auf meine innere Stimme zu hören und meiner Intuition zu vertrauen. Den Widerstand und den Kampf gegen meinen Körper habe ich aufgegeben. Es ist ein Trugschluss zu denken, dass man schlauer ist als die Körperintelligenz. Stattdessen nehme ich seine Bedürfnisse wahr und gebe ihm das, was er braucht, auch wenn es mir nicht in den Kram passt. Ich habe bemerkt, dass er mich früher oder später ausbremsen wird, wenn ich seine Signale ignoriere. Das habe ich schon oft genug erlebt und einfach überhört. Es ist an der Zeit, meinem Körper die Aufmerksamkeit und Pflege zu geben, die er verdient, damit wir gemeinsam weiter voranschreiten können. Ebenso ist es eine Reise, auf der ich meine Gedanken als mächtige Werkzeuge erkenne, die die Form meiner Realität gestalten. So wie ich denke, werde ich mich fühlen. Gesundes Denken bringt mich ins Gleichgewicht.

„Gib gut acht, worauf du deine Energie richtest."
(Claus Mikosch)[13]

Durch meine Erkrankung hat sich mein Blick auf das Leben grundlegend geändert. Plötzlich wurde mir klar, wie fragil und begrenzt unsere Zeit auf dieser Erde ist.

Jeder Tag gewinnt seitdem eine ganz neue Bedeutung und Tiefe. Es ist, als ob die Zeit, die mir noch bleibt, kostbarer geworden ist.

Was vorher wichtig erschien, wurde plötzlich unbedeutend. Einfache Geschehnisse rücken in den Vordergrund. Spielende Kinder, die ausgelassen lachen und herumtollen, stören mich nicht mehr. Selbst wenn der Wind meine Frisur durcheinanderwirbelt oder der Nachbarshund fröhlich an mir hochspringt und seine Pfotenabdrücke auf meiner Hose hinterlässt, verliere ich nicht länger die Geduld. Wenn mein Mann beim Fernsehschauen in meine Lieblingssendung quatscht und ich kein Wort mehr verstehe, nehme ich es mittlerweile gelassen auf. Denn es gibt viel Wichtigeres im Leben als sich über Kleinigkeiten aufzuregen.

Meine Lebensreise

In meiner Kindheit durfte ich mich als glückliches Kind bezeichnen. Daher möchte ich hier vorwiegend über die positiven Seiten dieser prägenden Zeit berichten. Die unangenehmen Erlebnisse habe ich bereits ausreichend reflektiert.

Durch den frühen Tod meines Vaters war ich ein Schlüsselkind. Meine Mutter arbeitete ganztätig und so war ich nach Schulschluss ohne Betreuung. Nähe, Schutz und Geborgenheit fehlten mir und das hatte weitreichende Folgen bis ins Erwachsenenalter. Dort äußerte es sich in Angst vor dem Alleinsein und Verlustängsten. In dieser Unabhängigkeit lernte ich früh, Verantwortung zu übernehmen. Nach der Schule erledigte ich meine Hausaufgaben. Ich erinnere mich an ein älteres Ehepaar, das in unserem Wohnblock lebte. Sie haben mich manchmal nach der Schule zum Mittagessen eingeladen. Für mich waren sie wie liebevolle Großeltern. In ihrer Gegenwart fühlte ich mich immer geborgen und umsorgt.

Eine Begebenheit erzählte mir meine Mutter oft, weil sie sich jedes Mal köstlich über meine Worte und besonders über meine Mimik amüsierte. „Kindermund tut Wahrheit kund."

Wir hatten eine Nachbarin, die mich bei jeder Begegnung umarmte und küsste. Ihr schrilles Lachen konnte ich überhaupt nicht leiden. Als ich mich endlich aus der Umarmung befreien konnte, sagte ich zu ihr: „Dich mog ich net." Daraufhin brach sie erneut in ihr durchdringendes Gelächter aus. Egal wie sehr ich versuchte, ihr aus dem Weg zu gehen, irgendwie traf ich sie ständig, es war fast schon amüsant.

Die meiste Zeit war ich auf mich allein gestellt und nutzte die gewonnene Freiheit, um draußen in der Natur zu spielen. Mein ständiges Verlangen nach Bewegung veranlasste meine Mutter, mir eine Lederhose zu besorgen, eine, die ich richtig strapazieren durfte. So konnte ich meinen ausgeprägten Bewegungsdrang voll ausleben. Sie hielt einfach alles aus. Einige meiner schönsten Erinnerungen sind die unbeschwerten

Stunden, die ich in der Natur verbracht habe. Das Klettern auf Bäume war eine meiner Lieblingsbeschäftigungen. Die Baumkronen waren meine Aussichtsplattform. Von dort hatte ich einen fantastischen Ausblick auf den Main und verbrachte hoch oben oft Stunden der Unbeschwertheit. Am Ufer des Mains ragten mehrere Trauerweiden empor. Wir Kinder griffen nach den langen Zweigen und banden einige von ihnen zusammen und formten einen Knoten, der fest genug war. Aus diesen gebündelten Zweigen erschufen wir eine Schaukel, die uns mit jedem Schwung höher und höher trug. Ich liebte es, wenn der Wind durch mein Gesicht strich und ich das Gefühl hatte, zu fliegen und alles um mich herum zu vergessen.

In der Nähe gab es auch einen Bootsverleih, der mir eine völlig neue Leidenschaft eröffnete: das Rudern. Mit jeder Rudereinheit gewann ich an Kraft. Es förderte meine körperliche Fitness und ich bekam dadurch ordentlich „Oberarm-Muckis". Wir Kinder trafen uns dort regelmäßig. Da wir die Boote immer putzten, wurden wir von der Inhaberin mit Freifahrten belohnt. Wir ruderten um die Wette und spritzten uns gegenseitig mit den Paddeln nass. Das war immer eine Mordsgaudi. Vor allem faszinierten uns die vorbeifahrenden Schiffe, die hohe Wellen erzeugten. Bei schönem Wetter sprangen wir vom Bootssteg ins Wasser und ließen uns von den Wellen tragen. Die Besitzerin des Bootsverleihs schrie hysterisch:

„Kommt sofort aus dem Wasser, das ist gefährlich, ihr könnt ertrinken!" Sie fuchtelte mit den Armen, als wolle sie jeden Einzelnen von uns aus dem Wasser ziehen. Doch das beeindruckte uns Kinder nicht. Wir genossen den Ritt auf den Wellen in vollen Zügen. An eine ähnliche panische Reaktion erinnere ich mich aus der Winterzeit. Wenn wir mit unseren Schlitten die Hügel am Main hinabsausten und kurz vor dem Wasser abbremsten, gerieten die Mütter immer in Aufregung. Sie konnten nicht fassen, wie unbekümmert wir dabei waren, während wir voller Freude den Nervenkitzel genossen.

Allerdings sind mir zwei nicht so schöne und einschneidende Erlebnisse aus meiner Kindheit bis heute noch lebhaft in Erinnerung.

Es geschah an einem ruhigen Tag, als ich wie üblich am Ufer des Mains spielte. Meine Aufmerksamkeit war auf das ruhig fließende Wasser gerichtet, als plötzlich ein Auto mit hoher Geschwindigkeit direkt in den Main fuhr. Der Moment war wie erstarrt für mich. Ich konnte nur zusehen, wie das Auto unterging und nur noch Luftblasen an die Oberfläche stiegen. Zwei Männer, die das Geschehen beobachtet hatten, zögerten keinen Moment und entkleideten sich halb, bevor sie ins Wasser sprangen, um zu helfen. Mein Blick blieb auf die Luftblasen gerichtet, die unaufhörlich aufstiegen. Die Männer tauchten wieder auf, aber trotz ihrer Bemühungen gelang es ihnen nicht, die Tür des versunkenen Wagens zu öffnen, in dem sich noch eine Person befand. Die herbeigerufene Feuerwehr traf ein und begann sofort mit den Rettungsarbeiten. Mit vereinten Kräften wurde das Auto ans Ufer gezogen. Doch als die Tür geöffnet wurde, war es bereits zu spät. Die Person im Wagen hatte sich das Leben genommen. Diese Bilder sind nie richtig verblasst.

Ein weiteres unschönes Erlebnis ereignete sich, als ich allein zu Hause war. Wie jeden Tag ging meine Mutter zur Arbeit. Die Spülmaschine lief wie gewohnt und verrichtete ihren Dienst. Plötzlich jedoch drang Rauchgeruch in die Wohnung. Als ich die Küchentür öffnete, schlug mir eine Rauchwolke entgegen. Die Spülmaschine fing Feuer. Panik ergriff mich, als ich die drohende Gefahr erkannte. Sofort rannte ich zu den Nachbarn, um Hilfe zu holen. Sie informierten umgehend die Feuerwehr, die den Brand löschte. In der Zwischenzeit eilte meine Mutter herbei, benachrichtigt von aufmerksamen Nachbarn. Nachdem alles unter Kontrolle war, stellte sich jedoch heraus, dass ich eine leichte Rauchvergiftung erlitten hatte. Meine Mutter beschloss, mich mit zur Arbeit in die Kleiderfabrik zu nehmen. Dort wurden Mäntel mit großen Bügelmaschinen bearbeitet. Zunächst wurden sie mit einem speziellen Spray behandelt, dessen Inhalt mir unbekannt blieb, bevor sie dann mit heißem Dampf gebügelt wurden. Ich verbrachte den ganzen Tag inmitten dieses Qualms, was sicherlich nicht förderlich für meine Gesundheit war.

Ich gestehe, dass mir das Lernen in meiner Hauptschulzeit keine besondere Freude bereitete. Die Bundesjugendspiele waren für mich das Highlight des Schuljahres. Die verschiedenen Disziplinen, von Laufen bis hin zu Wurf- und Sprungwettbewerben, gaben mir die Möglichkeit, meine körperlichen Fähigkeiten unter Beweis zu stellen. Mit sportlichem Ehrgeiz erkämpfte ich mir Ehrenurkunden. Neben meinem Schulsport war ich noch Mitglied im Basketballverein und beschäftigte mich mit dem koreanischen Kampfsport Taekwondo. Da ging es richtig zur Sache! Jede Bewegung, jeder Tritt und jeder Schlag erforderte Präzision und Technik. Hier konnte ich mich richtig austoben, was mir öfter blaue Flecken bescherte. Ich erinnere mich an eine bedrückende Situation, als ein Mitschüler regelmäßig nach dem Unterricht von drei anderen Schülern gemobbt und sogar verprügelt wurde. Mein Gerechtigkeitssinn konnte nicht zulassen, dass ich nur tatenlos zusah, also griff ich mit meinen Taekwondo Künsten ein und verscheuchte die Angreifer, um meinem Mitschüler zu helfen. Dieses Ereignis blieb nicht unbeobachtet. Ein Lehrer, der das Geschehen zufällig vom Klassenzimmer aus beobachtet hatte, informierte meine Mutter über die Situation. Interessanterweise kommentierte der Lehrer, dass meine schulischen Leistungen vielleicht nicht die besten seien, aber meine Handlungsbereitschaft und mein ausgeprägter Gerechtigkeitssinn bemerkenswert wären.

Jahre nach unserer gemeinsamen Schulzeit begegnete ich diesem Mitschüler unerwartet auf einem Fest. Die Freude, ihn wiederzusehen, war groß. Er war zu einem stattlichen, großen Mann herangewachsen. Mit meiner Körpergröße von 153 Zentimetern hob er mich spielend leicht hoch und umarmte mich herzlich. Meine Beine baumelten in der Luft und obwohl ich normalerweise das Hochheben nicht besonders mag, machte ich bei ihm gerne eine Ausnahme. Die Rollen vertauschten sich – vom Beschützten zum Beschützer.

Es ist mir immer wieder passiert, dass die Männer in meinem Leben – sei es Freunde, Partner oder sogar Bekannte – diesen natürlichen Drang verspürten, mich hochzuheben. Es ist, als ob eine unsichtbare Kraft den Beschützerinstinkt in den Herzen der Männer weckt.

Mit der Zeit unterband ich es, dass Männer mich hochhoben. Es ging mir schlichtweg auf die Nerven, und so setzte ich Grenzen.

Für meine Leistungen wurde ich von meinen Lehrern und meinem Trainerteam oft gelobt. Das verschaffte mir Anerkennung und formte den Glaubenssatz: **„Nur über herausragende Leistungen bekomme ich Anerkennung und Wertschätzung.**"

Diese verzerrte Wahrnehmung wirkte sich besonders auf meine berufliche Tätigkeit aus und trieb mich immer dazu, stets nach Höchstleistungen zu streben, um die begehrte Anerkennung und Wertschätzung zu erlangen.

Nach der Hauptschule entschied meine Mutter, dass ich auf eine private Wirtschaftsschule wechseln sollte. Dort konnte ich erfolgreich meine Mittlere Reife erlangen und stolz mein Abschlusszeugnis entgegennehmen. Dieser Meilenstein wurde nicht nur von meiner Schule, sondern auch von der Regierung von Unterfranken gewürdigt. Ich erhielt eine Anerkennung für meine hervorragenden Leistungen und wurde mit einer besonderen Urkunde ausgezeichnet. Das rief in mir wieder den vertrauten Glaubenssatz hervor, dass ich nur über **„herausragende Leistungen Anerkennung und Wertschätzung"** verdiene. Durch meine Schulerfolge gewann ich die Aufmerksamkeit meiner Mutter, und diese Anerkennung tat meiner Seele gut. Die mütterliche Wärme, die ich oft vermisste, schien in diesem Augenblick wieder spürbar zu werden.

Doch dann traf mich eine schreckliche Nachricht: Meine Freundin wurde im zarten Alter von 15 Jahren ermordet. Es war ein schrecklicher Tag, der meine Welt in Dunkelheit tauchte. Die Tat blieb unaufgeklärt, der Mörder nie gefunden. Jahrelang trug ich die Last des Ungewissen. Doch nach 40 Jahren wurde der Fall als „Cold Case" wieder aufgerollt. Zwei Polizeibeamte besuchten mich und stellten Fragen, die ich nur bedingt beantworten konnte. Die Zeit hatte viele Ereignisse verblassen

lassen, und es war schwer, sich an Details noch zu erinnern. Doch die Emotionen, die Wut, die Trauer, die Sehnsucht nach Gerechtigkeit, waren so lebendig wie eh und je. Leider siegte die Gerechtigkeit nicht, da eine nicht enden wollende Kette von Ermittlungsfehlern die Beweise vernichtete und eine Aufklärung unmöglich machte. Es war ein unerträglicher Gedanke, dass der Mörder weiterhin ungestraft und mit scheinbar unerschütterlichem Gewissen weiterlebte. Wie konnte jemand so grausames tun und dann einfach weiterleben, als ob nichts geschehen wäre? Bis heute denke ich an ihre Familie. Es ist unbeschreiblich, was sie alles durchmachen mussten. Trotz all dieser Ungerechtigkeit, all der Enttäuschungen und Herausforderungen, hoffe ich von ganzem Herzen, dass sie eines Tages ihren Frieden finden können. Dass sie Trost in den Erinnerungen an ihre geliebte Tochter und Schwester finden und die Kraft haben, ihr Leben weiterzuleben, auch wenn ein Stück ihres Herzens für immer fehlen wird. Bis heute trage ich sie in meinem Herzen, meine Freundin, die viel zu früh aus meinem Leben gerissen wurde.

Jetzt war es an der Zeit, über meine berufliche Zukunft nachzudenken. Der Wunsch, Hebamme zu werden, stand an erster Stelle meiner beruflichen Träume. Die Vorstellung, neues Leben auf die Welt zu bringen, übte eine unwiderstehliche Anziehungskraft auf mich aus. Hier hätte möglicherweise der Grundstein gelegt werden können, um den roten Faden meiner Lebenslinie von schlichtem Überleben hin zu einem erfüllten Leben zu ziehen. Aber anscheinend hatte das Leben eine größere Lektion mit mir vor. Mein beruflicher Werdegang nahm eine Wendung, und ich entschied mich stattdessen für eine Ausbildung zur staatlich geprüften Masseurin und medizinischen Bademeisterin. Ich habe das Staatsexamen mit der Bestnote 1,0 erfolgreich abgeschlossen. Hier war er schon wieder, der tiefverwurzelte Glaubenssatz:

„Nur über herausragende Leistungen bekomme ich Wertschätzung und Anerkennung."

Ist das etwa der Schlüssel zum Erfolg – ausschließlich Leistung zu bringen und alles andere auszublenden?

Mein beruflicher Werdegang

Mit 25 Jahren wagte ich den Sprung in die Selbstständigkeit. Ich übernahm die Massagepraxis eines Kollegen. Meine Behandlungskonzepte wurden von den Patienten positiv aufgenommen und nach kurzer Zeit brummte die Praxis. Durch Mundpropaganda verstärkte sich die Nachfrage nach Terminen. Die Arbeitstage wurden immer länger, gefüllt mit bis zu dreißig Massagen an einem einzigen Tag. Doch damit nicht genug, denn zusätzlich zu den ohnehin schon langen Tagen entschied ich mich, an drei Abenden in der Woche zusätzlich den Saunabereich bis 22 Uhr zu öffnen. Selbst zu später Stunde liefen die Behandlungen weiter, während der Saunabereich geöffnet war. Allein war es kaum noch zu bewältigen. Arbeit wurde zu meinem Lebensinhalt. Es war, als hätte ich mich in einem Hamsterrad verfangen, ohne die Möglichkeit, auszusteigen und Luft zu holen.

Heute, mit einem klaren Blick zurück, betrachte ich das Arbeitspensum von damals als den glatten Wahnsinn. Es ist kaum zu glauben, was ich mir selbst zugemutet habe. In einem unerbittlichen Streben nach Erfolg und dem Wunsch, den Erwartungen gerecht zu werden, habe ich meine eigenen Grenzen weit überschritten.

Diese Kombination aus mangelnder Abgrenzung und fehlender Hoffnung schuf einen Nährboden für die Entwicklung einer Autoimmunerkrankung. Mein Körper reagierte auf die inneren Konflikte und den emotionalen Stress, den ich erlebte, und begann gegen mich selbst zu kämpfen. Der Stress heizte mein Körpersystem an und brachte mich in eine chronische Entzündungsphase.

Diese Entzündungsprozesse können unter anderem das Risiko einer Krebserkrankung begünstigen. So kam es zu einer Fehlregulation des Immunsystems und ich erkrankte mit nur 27 Jahren an der Autoimmunerkrankung Morbus Basedow, die eine Schilddrüsenüberfunktion auslöste. Dies ging mit Herzrasen, Gewichtsverlust und Nervosität einher. Zusätzlich bekam ich Augenbeschwerden, eine sogenannte endokrine Orbitopathie (hervortreten der Augäpfel). Die Behandlung begann medikamentös mit Thyreostatika gegen die Überfunktion der Schilddrüse und Cortison gegen die entzündliche Erkrankung der Augenhöhle. Das Fehlen von ausreichender Ruhe für die Regeneration hatte zur Folge, dass sich die Erkrankung verschlechterte. Durch die körperliche Belastung verstärkten sich die Symptome. Schließlich endete alles mit einer operativen Entfernung der Schilddrüse und so ist eine lebenslange Hormonersatztherapie erforderlich.

„Die Schilddrüse wird als Meridian der Hoffnung bezeichnet. Sie symbolisiert nicht nur Leichtigkeit und Beschwingtheit, sondern kann auch mit tieferen Emotionen wie Depression, Verzweiflung, Trauer, Einsamkeit, Niedergeschlagenheit und Hoffnungslosigkeit in Verbindung gebracht werden. In vielerlei Hinsicht steht sie für den inneren Kampf zwischen Kopf und Herz. Oftmals wird dieser Kampf durch das Gefühl verstärkt, nicht in der Lage zu sein, unsere eigene Wahrheit zu leben."

Nach der Entlassung aus dem Krankenhaus arbeitete ich ohne Genesungszeit und ausreichende Erholung weiter. Dieser innere Antrieb, immer volle Leistung bringen zu müssen nach dem Motto ohne „Fleiß kein Preis", brannten mich völlig aus. Ausgelaugt und am Ende meiner Kräfte rutschte ich mit 35 Jahren in ein schweres Burnout-Syndrom. Mein vegetatives Nervensystem geriet außer Kontrolle. Der langanhaltende Stress zwang mein System dazu, hauptsächlich im Sympathikus zu operieren (er gehört zum unwillkürlichen Nervensystem und wird oft als „Kampf- oder Fluchtreaktion“ bezeichnet). Mein Körper produzierte nur noch Adrenalin, bis es fast nicht mehr messbar war. Die Reserven meiner Lebenskraft waren aufgebraucht und mein Körper war nicht mehr in der Lage, angemessen auf Stresssituationen zu reagieren. Selbst zehn Stunden Schlaf regenerierten mich nicht. Ich war müde, müde, müde.

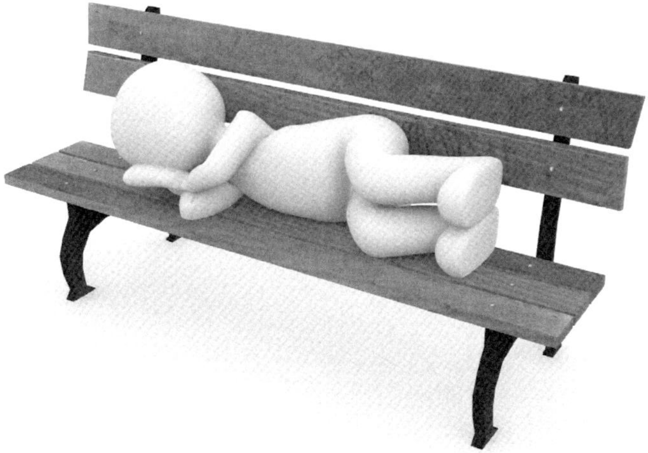

In einem solchen Erschöpfungszustand hätte mir bereits klar sein müssen, dass mein Leben eine **grundlegende Veränderung** benötigt, um überhaupt wieder zu Kräften zu kommen. Unsicherheit umgab mich, und ich wusste nicht, wie ich meinen Weg ins klare Licht finden könnte. Alles war blockiert und ich war voller Zweifel und Sorgen. Ich sehnte mich nur noch nach Ruhe, Ruhe und nochmals Ruhe.

In diesem Zustand erschien es mir als die schnellste Lösung, eine zusätzliche Fachkraft einzustellen. Ich hatte das Gefühl, dass dies mein rettender Strohhalm war, meine letzte Hoffnung. Aber dadurch wurde die Arbeit nicht weniger. Im Gegenteil, sie steigerte sich noch. Was für ein Teufelskreis und ausweglose Situation. Das ging in Richtung Selbstmord auf Raten. Schließlich hatte ich nur noch einen Ausweg, die Kassenzulassung abzugeben und die Praxis in eine reine Privatpraxis umzuwandeln.

Auf diese Weise war keine Fachkraft mehr erforderlich. Das ständige Pensum hatte ein Ende. Ich behielt lediglich meine langjährige Aushilfe Manuela.

Da ich nur noch einen Behandlungsraum benötigte, entschieden wir uns für einen Umzug in eine neue Wohngegend und in ein Haus. Glücklicherweise fanden wir den optimalen Wohnbereich. Wir mieteten eine Doppelhaushälfte an, in der ich im Untergeschoss den perfekten Behandlungsraum einrichten konnte.

Nachdem wir uns gemütlich eingerichtet hatten, war es endlich so weit. Ich eröffnete meine Pforten. Es hagelte förmlich Anmeldungen und es war fantastisch, wie gut alles lief. Ich war überglücklich, dass so viele Menschen Vertrauen in meine Arbeit zeigten. Das Vertrauen wurde zusätzlich durch Empfehlungen eines Arztes belebt. Zwar hatte ich nicht mehr dreißig Massagen pro Tag, doch ich entschied mich, mein Behandlungskonzept umzustellen. Statt auf Quantität lag der Fokus nun auf Qualität. Jeder Patient erhielt eine halbe bis volle Stunde individuell abgestimmte Therapie, perfekt auf sein jeweiliges Beschwerdebild zugeschnitten. Mein Ziel war es, die bestmögliche Heilbehandlung anzubieten. Weit gefehlt mit diesem neuen Konzept – Irrtümer sind menschlich. Ich kam vom Regen in die Traufe, denn es stellte sich heraus, dass es körperlich genauso anstrengend war wie zuvor. Die längeren Behandlungszeiten bedeuteten nicht weniger Belastung für meinen Körper.

Es war eine Erkenntnis, die mich zwang, mein Vorgehen zu überdenken und nach neuen Lösungen zu suchen.

Da die körperliche Behandlung sich oft auch in seelische Beratungen ausdehnte, fasste ich den Entschluss, eine Coaching-Ausbildung zu absolvieren.

Dieser Schritt ermöglichte es mir, einen Ausgleich zu meiner körperlichen Arbeit zu schaffen und meinen Patienten ganzheitlichere Unterstützung anzubieten. Was ich jahrelang umsonst an Wissen weitergegeben hatte, konnte ich nun als Dienstleistung abrechnen. Ich liebte das Coaching, doch leider verließ mich der Mut, ausschließlich in den Coaching-Bereich zu wechseln, wie ich es eigentlich mit dieser beruflichen Erweiterung vorhatte. Das wäre ein heilsamer Schritt für mich gewesen. So lief das Hamsterrad immer weiter. Das Übermaß an Energie, das ich in meine beruflichen Ziele investierte, führte dazu, dass ich andere wesentliche Lebensbereiche vernachlässigte. Zwischenmenschliche Beziehungen, persönliches Wohlbefinden und die Freude am Leben gerieten dabei ins Hintertreffen. In der Rückschau erkenne ich, dass ich oft nicht angemessen mit meiner Lebensenergie gehaushaltet habe. Völlig ausgelaugt katapultierte mich dieser Prozess von einer Erkrankung in die nächste. Die Warnsignale meines Körpers ignorierte ich. Die ständige Überbeanspruchung meiner Energie ließ mir keine Gelegenheit zur Regeneration. Die Praxis musste ja weiterlaufen, und dieser permanente Einsatz und das Auslassen von Erholungsphasen hatten schließlich ihre Folgen: Ich wurde schwer krank.

Die Diagnose Krebs war ein Schock, der mein gesamtes Leben über den Haufen warf.

Plötzlich schien die Welt stillzustehen und das Rad des Lebens, das zuvor in ständiger Bewegung war, verharrte in einem schmerzhaften Stillstand. Die Grenze des Erträglichen schien erreicht und schlagartig wurde mir klar, wie schnell sich alles – aber auch wirklich alles – verändern kann.

NEIN, das war mit absoluter Sicherheit NICHT der Schlüssel zum Erfolg.

Den Preis dafür zahlte ich letztendlich mit meiner Gesundheit und Lebensqualität.

In meinem bisherigen Leben wurde ich immer wieder mit dem Thema Überleben und Tod konfrontiert. Durch meinen Weg der Selbstreflexion erkannte ich, dass dieser Aspekt seinen Anfang in meiner Kindheit genommen hat. Ein Ereignis, das mich knapp überleben ließ und von dem ich mich nie ganz erholt habe.

Es war ein schöner warmer Sommertag und mein Vater und sein Freund nahmen mich mit an den Fluss. Beide liebten das Schwimmen über alles. Mein Vater war eine absolute Wasserratte. Ich breitete meine Kuscheldecke auf dem Gras aus, setzte mich hin und spielte mit meiner Lieblingspuppe. Plötzlich hatte mein Vater die Idee, mich ins Wasser mitzunehmen.

„Aber sie kann doch gar nicht schwimmen!“, rief der Freund ihm zu. „Dann lernt sie es eben jetzt“, entgegnete er entschlossen. Mein Vater zerrte mich von meiner Decke, und ich schrie und strampelte: „Nein, nein, lass mich los!“ Wir näherten uns dem Fluss. Beim Anblick des Wassers überkam mich eine Heidenangst. Es wirkte wie eine bedrohliche Macht, die mich verschlingen wollte.

Die Farbe war so dunkel, nichts darin erkennbar. Ich schluchzte, meine kleinen, zarten Arme klammerten sich krampfhaft um seinen Hals. Doch mit einem Ruck löste er sie und warf mich ins Wasser. Ich ging unter und schaute nach oben. Noch sah ich einen Teil eines Lichtstrahls im Wasser, aber ich sank tiefer und es wurde dunkler und dunkler. Jetzt realisierte er zu spät, dass es brenzlig wurde. Er stand nur erstarrt da und konnte überhaupt nicht reagieren. Plötzlich schlug neben mir etwas wie eine Bombe ein, schnappte mich am Arm und zog mich nach oben an die Wasseroberfläche. Ich rang nach Luft, öffnete weit meinen Mund, und sein Freund zog mich schnell aus dem Wasser und half mir beim Atmen. Wutentbrannt steuerte er auf meinen Vater zu und verpasste ihm eine Ohrfeige. Als er erkannte, was er getan hatte, brach er in Tränen aus, nahm mich fest in den Arm und entschuldigte sich. Es tat ihm unendlich leid.

Ich weiß bis heute nicht, was ihn dazu getrieben hatte, aber vielleicht dachte er wirklich, dass ich so am besten schwimmen lerne. Allerdings traue ich mich bis heute nicht, in tiefes Wasser zu gehen.

Lange Zeit konnte ich nicht begreifen, warum mir in meinem Leben immer wieder das Thema Überleben und Tod begegnete und worin der Sinn lag. Erst durch die Schwere meiner Erkrankung wurde mir klar, dass diese Herausforderungen mir eine wichtige Botschaft überbrachten. Die Lektion, das Leben anzunehmen und in vollen Zügen auszuleben. Das ist mein Geburtsrecht. Es ist die Anerkennung meiner eigenen Einzigartigkeit und der Wertigkeit meiner Existenz.

„Alles, worauf man nicht verzichten kann, wenn es seinen
Zweck erfüllt hat, nimmt von dir Besitz.
Und in diesem Materialistischen Zeitalter sind allzu viele
von ihren Besitztümern besessen!“
(die amerikanische Pazifistin Mildred Lisette Norman)[14]

Leben und Tod

„Das Leben ist nichts anderes als Geburt und Tod. Jedes Mal, wenn ich meinen Herzschlag höre oder die Brandung des Meeres, höre ich den Klang der Vergänglichkeit. Da Vergänglichkeit für uns gleichbedeutend ist mit Schmerz, klammern wir uns verzweifelt an die Dinge, obwohl sie sich ständig ändern. Wir haben Angst loszulassen, wir haben Angst, wirklich zu leben, weil leben lernen loslassen lernen bedeutet. Es liegt eine tragische Komik in unserem krampfhaften Festhalten: Es ist nicht nur vergeblich, sondern es beschert uns genau den Schmerz, den wir um jeden Preis vermeiden wollen. Wir müssen lernen, uns nicht mit unwesentlichen Aktivitäten und Beschäftigungen zu überfordern, sondern unser Leben mehr und mehr zu vereinfachen. Der Schlüssel zu einer glücklichen Ausgewogenheit im modernen Leben ist EINFACHHEIT."[15]

Der Tod, ein Thema, das in unserer Zivilisation oft als Tabu betrachtet wird, hat mich schon seit Jahren beschäftigt. Es scheint, als ob unsere Gesellschaft sich vor dem Unvermeidlichen verschließt. Für mich persönlich ist die Fähigkeit in Frieden sterben zu können eine Form der Heilung.

Es bedeutet nicht nur, den Tod als unvermeidlichen Teil des Lebens zu akzeptieren, sondern auch bewusst und erfüllt zu leben, solange wir die Chance dazu haben.

Es ist an der Zeit, das Tabu zu brechen und den Tod als einen natürlichen Bestandteil unseres Menschseins zu akzeptieren.

„Es gibt wohl keinen größeren Akt der Barmherzigkeit, als einem Menschen dabei zu helfen, auf gute Art zu sterben. Warum leben wir in solch panischer Angst vor dem Tod? Weil es unser instinktives Verlangen ist, zu leben und am Leben zu bleiben, und weil wir den Tod für das grausame Ende all dessen halten, was uns so vertraut ist. Wir vergessen leicht, dass Sterbende im Begriff sind, ihre gesamte Welt zu verlieren:

ihre Lieben, ihren Besitz, ihr Haus, ihren Beruf, ihren Körper und ihren Geist – sie verlieren restlos alles. Alle einzelnen Verluste, die uns im Leben vielleicht treffen könnten, sind, wenn wir sterben, zu einem einzigen, überwältigenden Verlust zusammengefasst – wie kann es daher verwundern, wenn jemand, der unter dem Eindruck dieser Erfahrung steht, manchmal traurig, in Panik oder zornig ist? Elisabeth Kübler-Ross spricht von fünf Stadien im Prozess des Ins-Reine-Kommens mit dem Sterben: Leugnen, Wut, Verhandeln-Wollen, Depression und Annehmen. Sicher durchläuft nicht jeder alle fünf Stadien, auch nicht unbedingt in dieser Reihenfolge. Für die einen mag der Weg zum Annehmen äußerst lang und dornig sein, andere kommen vielleicht überhaupt nicht dahin, ihren Tod zu akzeptieren.“[16]

Die intensiven Reflexionen über meine eigene Sterblichkeit in der Zeit vor der schweren Diagnose entzogen mir die Furcht vor dem Tod. Ich lebte arglos in dem Glauben, dass mich solch ein Schicksal nicht ereilen würde. Doch dann traf es mich plötzlich und unerwartet wie ein Sturm, der mit voller Wucht über mein Leben hinwegfegte. Die Verdrängung von Krankheit und Tod erwies sich für mich als keine gute Option. Stattdessen wurde ich dazu aufgefordert, mir selbst tief in die Augen zu blicken und geistig in die absolute Wahrheit einzutauchen. Der Sturm, der über mein Leben zog, hinterließ nicht nur Zerstörung, sondern ebnete auch den Weg für einen Neuanfang und eine tiefere Verbindung mit meiner inneren Wahrheit.

Der transformative Akt der Vergebung

„Vergebung liegt in der Natur Gottes, sie ist bereits gewährt. Gott hat dir längst vergeben, denn Gott ist die Vergebung selbst. Irren ist menschlich, vergeben göttlich. Die eigentliche Frage ist: Kannst du dir selbst vergeben?
Um dir selbst vergeben zu können, denk an das Gute, das du getan hast, vergib allen, denen du im Leben begegnet bist, und bitte alle, die du verletzt haben magst, dir zu vergeben.“[17]

Heute stehe ich zu den Fehlern, die ich begangen habe, und erkenne an, was ich mir selbst und anderen angetan habe. Nichts war umsonst, denn jeder Fehler, jede Enttäuschung und jede Herausforderung hat mich geformt und mir die Möglichkeit gegeben, zu wachsen. Die transformative Kraft der Vergebungsarbeit hat mein Inneres in vielerlei Hinsicht umgewandelt. Wo einst Selbstverurteilung, Selbstkritik und Selbstbestrafung ihren dunklen Schatten warfen, erblüht nun ein Garten der Selbstannahme und Liebe. Trauer und Wut, die mich einst gefangen hielten, wurden durch die Kraft der Vergebung in Liebe und inneren Frieden umgewandelt. Die Meinungen anderer verloren an Bedeutung. Ich war befreit von dem Bedürfnis, anderen etwas beweisen zu müssen. Die Erkenntnis, dass Schuldgefühle nicht durch Selbstbestrafung abgearbeitet werden können, wurde zu einem Wendepunkt. Tief im Herzen, in dieser Quelle der Vergebung, liegt die wahre Heilung.

„Es ist nicht deine Aufgabe, mich zu lieben – es ist meine.“
(Byron Katie)[18]

Die Macht der Worte

*„WORTE sind die mächtigste Droge,
welche die Menschheit benutzt." (Rudyard Kipling)*[19]

Nach einer Krebsdiagnose begegnen einem oft die gleichen Standardsätze von Menschen, die versuchen, Trost zu spenden oder Mut zu machen. Sätze wie „Es wird schon wieder", „Du schaffst das", oder „Bleib stark" sind gut gemeint, aber sie können die wahre Tiefe der Situation nicht angemessen widerspiegeln.

Oft ist es schwer für Menschen, die nicht direkt von einer solchen Situation betroffen sind, die richtigen Worte zu finden. Es ist wichtig zu verstehen, dass jede Person und jede Krebserkrankung einzigartig ist.

Manchmal ist es hilfreicher, einfach da zu sein, zuzuhören und Unterstützung anzubieten, ohne die Situation mit platten Phrasen abzutun. Stattdessen können Worte der Ehrlichkeit und des Mitgefühls mehr bedeuten. Sätze wie „Ich bin hier für dich", „Es ist in Ordnung, sich schwach zu fühlen" oder „Ich kann mir nicht vorstellen, wie schwer das für dich sein muss" zeigen, dass man die Gefühle der Person ernst nimmt. Meine Bitte an Sie ist einfach: Seien Sie achtsam mit Ihren Worten, denn sie können wie Pfeile sein und tief verletzen, und manchmal ist eine Umarmung und ein liebevoller Blick heilsamer als alles andere.

Was mir Mut gemacht hat, war der Zuspruch eines Mannes, nachdem er meine Geschichte gehört hatte: „DU BIST MEIN VORBILD." Diese Worte waren wie eine Belebungsspritze – durch meine Erfahrung anderen Menschen Mut zu geben und Hoffnung zu schenken, egal wie dunkel die Zeiten auch sein mögen.

Für diesen Absatz möchte ich die DU-Form verwenden.
Einen neuen Raum öffnen

Ich öffne diesen neuen Raum für mich und für dich, damit wir beide die Freiheit haben, unsere Wahrheit zu sprechen. In dieser Umgebung bleiben Verletzungen und Lügen ein Tabu. Hier setze ich klare Grenzen, indem ich ein NEIN ausspreche, wenn etwas für mich nicht stimmig ist und mir an die Substanz geht. Ein Raum, in dem ich nicht mehr darauf bedacht bin, das zu sagen, was du hören möchtest. Denn ich erkenne, dass es uns beiden nicht hilft, wenn ich mich verstecke oder Dinge beschönige. Stattdessen ist es für mich entscheidend, authentisch zu sein und die Wahrheit auszusprechen, die ich sorgfältig abwäge.

Ich stehe zu meinen Überzeugungen, meinen Gefühlen und meinen Grenzen, auch wenn sie nicht immer auf Zustimmung stoßen. Denn ich weiß, dass nur durch Authentizität wahre Verbindung entstehen kann.

Es ist für mich ein Raum der Selbstachtung und Selbstliebe, in dem ich mir erlaube, ich selbst zu sein, ohne Angst vor Ablehnung oder Verurteilung.

ALLES im Leben ist ein Prozess

Machen Sie sich nicht verrückt, wenn etwas nicht gleich funktioniert. Alles im Leben ist ein Prozess und benötigt Zeit. Sie können einen Fluss nicht schieben, sondern sollten einfach mitfließen. Ihre Seele wird sich zum richtigen Zeitpunkt, wenn sie bereit dazu ist, in die Veränderung und das Wachstum hineinbewegen. Tauchen zweifelhafte Gedanken auf, hören Sie nicht auf die Stimmen in Ihrem Kopf und gehen Sie einfach weiter Ihren Weg. Es ist wichtig, die Vergangenheit loszulassen und sich nicht selbst die Schuld zu geben. Was geschehen ist, liegt hinter uns und lässt sich nicht mehr ändern. Jedes Mal, wenn Sie an Vergangenes denken und damit hadern, laden Sie sich erneut mit negativer Energie auf und verletzen sich selbst. Auf diese Weise wird sich nichts verändern. Es ist wichtig, loszulassen und sich auf die Gegenwart und die Zukunft zu konzentrieren, um Fortschritt und Heilung zu ermöglichen. Beobachten Sie Ihre Gefühle, so erkennen Sie Ihre Schwächen und Stärken. Beides hat seine Berechtigung. Ohne Schwächen erkenne ich meine Stärken nicht, und ohne meine Stärken erkenne ich meine Schwächen nicht. Sie dürfen schwach sein, genauso wie Sie stark sein dürfen. Fühlen Sie, was gefühlt werden will, ohne es zu unterdrücken. Trainieren Sie sich darin, auch wenn es nicht immer einfach ist, es auszuhalten. Dies ist heilsam und verhindert, dass sich Emotionen in den Körperzellen festsetzen. Alles, was Sie unterdrücken, speichert der Körper ab. Das bedeutet, dass nicht verarbeitete oder unterdrückte Emotionen sich in körperlichen Empfindungen, Verspannungen oder sogar Krankheiten manifestieren können. Holen Sie sich Hilfe bei einem qualifizierten Therapeuten.

Wenn unterdrückte Emotionen an die Oberfläche kommen, kann das Gesagte sehr verletzen. Mitunter liegt es daran, dass eine Krebserkrankung die Persönlichkeit verändert. Ich habe mich selbst oft nicht mehr wiedererkannt, während ich in diesem Gefühlschaos gefangen war. Ja, es ist manchmal eine Kunst, einen solchen Menschen auszuhalten. Aber es ist kein Freibrief für den Erkrankten, mit den Emotionen um sich zu werfen. Auch wenn von den Mitmenschen in dieser Zeit vieles verziehen wird, haben auch sie Gefühle und sind verletzlich.

Ein ganz besonderer Tag

Seit 2021 habe ich regelmäßig, gemäß der Anordnung meines Arztes, alle sechs Monate Kontrolluntersuchungen mittels CT und MRT durchführen lassen. Heute, am 11.03.2024, stand wieder eine dieser Kontrolluntersuchungen an. Am 13. März 2024 bekam ich den Anruf meines Arztes, um mir die Ergebnisse meiner Untersuchungen mitzuteilen. Alles in Ordnung, keine Auffälligkeiten waren zu sehen. Ein tiefes Gefühl der Dankbarkeit durchströmte mich, als ich realisierte, dass meine Reise zu mir selbst und mein tiefes Vertrauen ins Leben sich bezahlt gemacht hatten.

Bärenstarke und belebende Methoden zur Selbstpflege

Mit Ausdauer und Disziplin an den ausgesuchten Methoden zu bleiben ist entscheidend, um sein Ziel zu erreichen. Zu Beginn ist man immer voller Motivation, doch mit der Zeit lässt diese oft nach, besonders an Tagen, an denen es einem nicht so gut